国際テロリズム

その戦術と実態から抑止まで

安部川元伸［著］

原書房

International Terrorism

Abekawa Motonobu

国際テロリズム

その戦術と実態から抑止まで

目次

はじめに

最近、ふと中学時代に読んだ小説を思い出した。菊池寛《きくちひろし》の短編小説「恩讐の彼方に」である。内容を説明するまでもないが、3歳の時に父親を殺された武家の遺児が、約40年後に父の敵《かたき》にようやく巡り合ったものの、その敵の生き様を見て結局彼を許すという実話を基にした感動小説である。実際、僧となって残りの半生を投じ、人々のために鎚とのみで掘り抜いた「青の洞門」が今も大分県耶馬渓《やばけい》に残っている。長い年月を経れば、人が抱く憎しみの感情も変化し、慈悲の心を持てるようにもなる。日本には古来このような文化があった。しかし、そのようなセンチメンタリズムは、テロリズムという現実の前には、何の意味もなさないのであろうか。

それにしても、昨今、悲惨なテロのニュースや残酷な映像を目にする機会が多くなった。少年時代の感動など全く遠い世界に追いやられてしまっている。ほぼ毎日のようにどこかでテロが起き、たくさんの人々が亡くなっているのである。犠牲者のほとんどは何の罪もない、偶然テロの現場にいて巻き添えになった人々であり、この理不尽な仕打ちに家族の悲しみはいかばかりかと同情の念を禁じ得ない。

しかし、私たち日本人も他人事ではない。テロリストが盛んに口にすることは、「十字軍に対する報復を行った」という誇らしげなメッセージであるが、日本もいつの間にか十字軍の仲間に組み込まれてしまっているのだ。彼らの言い分にも一理あることは認めようが、いまや中東の紛争国どころか、欧州などの先進国にまでテロリストを送り込んで報復するという執念深さにも驚かされる。イスラム過激派を例にとって言えば、争いを好まない穏健で寛容な宗教の信徒が、冷徹な表情で平然と人を殺《あや》める。躊躇する気持ちのかけらも見られない。その人が憎いのではない、その人の国籍、その人の国の政治への恨みを晴らそうと、たまたま捕えた弱い立場の個人を血祭りにあげるのである。このようなやり方で報復したところで、彼らの神は喜んでくれるのであろうか？　元来、テロと宗教は全く関係ないものであり、宗教への帰依《きえ》を強調し、自爆を殉教と言い張るのも的外れな詭弁《きべん》に過ぎないのではないか。

もうひとつ、テロリストの許し難い所業とは、自らの目的を達成するためとはいえ、甘言を弄して他人を騙し、組織に引き込んでいくというリクルートのやり方である。本書でもその手口については詳述しているが、何ともやりきれないのは、レトリックの妙で実に言葉巧みに仲間に引き込んでいくというテクニックである。一度足を踏み入れたら、抜け出すことはできない。どこの犯罪組織・反社会組織も同じような体質を持っている。テロリストのマニュアルを見ると、リクルートに関する騙しのテクニックについてもかなり詳細に注意事項が書かれてある。

さて、今回『国際テロリズム――その戦術と実態から抑止まで』というタイトルで本を書かせて頂いたのは、テロ事件が起きるたびに多くの犠牲者が出るのを目の当たりにし、このような事件は避け得たのではないか、あるいは、ひょっとしたらテロの犠牲にならずに済んだのではないかという悔恨の念からである。テロリストの考え方、テロの手口を研究し、やむなく危険地に出かけざるを得ない人たちの心のどこかに、こんな話があったとの記憶が残っていれば少しでも救われる命があるのではないかと考えたゆえである。

テロの手口には共通している点がある。ひとつは、憎悪を意図的に異なる対象に向け、関係ないところ（ソフトターゲット）を攻撃して達成感に浸っていることである。犯行声明には、無差別テロで亡くなった人たちへの惻隠《そくいん》の情すらもない。もうひとつは、リクルート時と同様に、テロでひとりでも多く殺害するために偽装工作を弄することである。女性やいたいけな子供を使って標的に接近させ、テロリストが安全なところから遠隔操作で爆弾を起爆させるという卑怯な手を使う。このようななりふり構わない手口がかなり頻繁に行われるようになった。かつては、テロリストが行うテロにも一定のルールがあり、矜持《きょうじ》のようなものがあった。しかし、いま世間を騒がせている「イスラム国」（ＩＳ）にはその矜持なるものが全く見られない。ことさら残虐性だけが強調され、支配地の住民を恐怖で統治するという手法を貫いている。

しかし、このようなテロに我々も対決していかなくてはならない。テロリストが武器や奸計を用いるならば、我々は知恵と経験をフルに活用し、自分の命は自分で守り切るという気概を持たなくてはならない。2013年1月のアルジェリア・イナメナスの事件を見ても、2016年7月のバングラデシュ・ダッカでの悲劇を見ても明らかなように、テロに遭ったら誰も助けてくれないと思って間違いない。地元の警察や治安部隊は、テロリストを殲滅《せんめつ》することが最優先であり、人質を無事に保護しようという意識は驚くほど希薄である。

そこで、我々は、敵そのものをよく知っておく必要がある。その意味で、本書では、人々の記憶から薄れかかっているような過去の重大事件も取り上げ、テロリストの本当の恐ろしさも掘り下げてみた。その上で我々はテロに臨機応変に対応する術を身に着けていきたいと思う。本書がそうした気概に溢れる方々の一助になれば、著者としてこれ以上の名利はない。

なお、今次出版に当たり、株式会社原書房様、並びに同編集部石毛力哉氏に大変お世話になったことを、この紙面を借りて深く御礼申し上げたい。

2017年3月

日本大学　危機管理学部　安部川 元伸

第1章　テロリストの教科書、テロリスト・マニュアル

1 テロリストの考え方

2001年に発生した米国同時多発テロ以降、世界中の国々がテロとの戦いに参加し、国連や様々な国際間の枠組を通じてテロを封じ込めるための努力がなされてきた。しかし、それでも、世界のどこかで毎日のようにテロ事件は発生しており、その手口も年々巧妙になり、さらに残虐なものになっている。テロリストは、標的に定めた敵を恐怖に陥れ、いつテロに襲われるかと不安にさせるだけでその目的の多くの部分は達せられたと考えているであろう。例えば、米国同時多発テロのような前代未聞の大規模テロを一度成功させただけで、相手に対し、物理的な打撃以上に、心理的にも大きなショックを与えることができる。もちろん、その標的となった米国を始め、欧州、アジア、そして中東諸国も、テロリストを前に決して怯《ひる》むようなことはないが、攻撃を行う側に立っているテロリストは、常に相手の弱点を突き、攻撃のタイミングも自由に選べるという優位性があることから、治安・情報機関が漠然とテロの脅威が

1 一般にカリフはイスラム共同体の最高指導者でスンニ派の呼び名。初期イスラム共同体では、ムハンマドの死後、同人に付き従ってきた信奉者や親族の中から4人の後継者が順番に指導者として選ばれ、共同体の維持と拡大に努めた

2 イスラームの法は、コーランに書かれていることを基本として、学者たちが作り上げていったもので、信仰や儀礼のあり方から、家族や取引の決まりなどの日常生活にかかわる規範となっている（「世界史用語解説」）http://www.y-history.net/appendix/wh0501-051.html

差し迫っていることを察知しても、テロリストは常にその裏をかいてテロ攻撃を成功させてきた。そのたびに、守る側は、言葉に言い表せないほどの屈辱感に打ちひしがれるのである。

しかし、テロ組織は、自ら「カリフ」[1]を名乗り、イスラム法（シャリーア）[2]に基づくイスラム国家を建国したと宣言しても、所詮《しょせん》は暴力を行使して罪もない人々の生命を奪うという野蛮な犯罪組織の域を出ないのであり、信仰のための殉教者、正義の戦士を気取っても、一般社会では全く意味を成さないのである。テロリストが国家主体との戦いを挑めば、いわゆる、国家間の戦争である軍隊と軍隊の正面衝突という戦闘形態ではなく、国家とテロ組織との非対称戦という形になる。すなわち、国家権力に裏打ちされていないテロ組織は、持てる兵器も人員も限られているため、常にゲリラ戦のヒット・アンド・アウェー戦術で大国の軍隊に対抗せざるを得ないのである。

テロリストは、自らの生命を賭してテロ攻撃を行う限りは、当然のことながら、必ず攻撃を成功させ、敵に大打撃を与えたいと考えるであろう。そこで、彼らが組織内で常に注意喚起していることは、攻撃を実行する前の段階で敵である警察や情報機関に決して計画を察知されないようにすることであり、逮捕されないよう万全を期すことである。あるいは、接近してくる敵をスパイとして見破り、オトリ捜査[3]などに嵌《はま》らないようにも注意している。仲間の誰かがひとりでも逮捕されてしまえば、その供述から、細胞（グループ）の残りのメンバーや細胞間のネットワークの全容が敵に知られてしまう可能性がある。イスラム過激派が、殉教と称して自爆攻撃を多用するのは、攻撃の後、仲間と組織に捜査の手が及ばないようにするための窮余《きゅうよ》の策であり、したがって、1980年代にイスラム過激派が台頭してきて以降は、自爆（自殺攻撃）こそがテロリストにとって最良の攻撃の手段と考えられている。

2 テロリスト・マニュアルの実例

(1) アルカイダのテロ・マニュアル

アルカイダのテロ・マニュアルは、2000年に英国・マサチューセッツのアルカイダ・メンバーの自宅で発見された「アルカイダ・ハンドブック」[4]が

3 捜査機関またはその依頼を受けた捜査協力者が、その身分や意図を相手方に秘して犯罪を実行するように働き掛け、相手方がこれに応じて犯罪の実行に出たところで現行犯逮捕等により検挙するもの。日本では違法とされている。https://www.google.co.jp/webhp?sourceid=chrome-instant&ion=1&espv=2&ie=UTF-8#q=%E3%81%8A%E3%81%A8%E3%82%8A%E6%8D%9C%E6%9F%BB

4 The Al Qaeda Handbook is a computer file found by Manchester (England) Metropolitan Police during a search of the Manchester home of Anas al-Liby in 2000 The Al Qaeda Handbook from US Dept of Justice Website (in English)

5 1960年、エジプト政府の打倒及びイスラム国家の樹立を目指し、ナピノレ・アノレ・プライーが設立した組織（『国際テロリズム要覧2016』324p）

最も有名であり、同ハンドブックは、容疑者アナス・アル・リビの自宅のコンピュータ内に電子データとして保存されていたものである。この内容は、端的に言えば、アルカイダが敵との戦争をどう戦うかを説明したハウツーものであるが、現実には、秘密組織を維持・継続させるために、極めて詳細で緻密な内容を含んだ戦略書とも言える。作者はいまだに不明であるが、このマニュアルをアラビア語から英語に翻訳した米国連邦捜査局（ＦＢＩ）の関係者は、使用されているアラビア語の癖から見て、エジプトの「イスラミック・ジハード」（イスラム聖戦）[5]または、「イスラム集団」[6]（ＧＩ）のメンバーが書いたものではないかと推測している。同マニュアルが発見されたのは、９・11米国同時多発テロが起きる前年のことであり、その当時からアルカイダによる米国や欧州への大規模テロが予想されていたものの、同マニュアルは、主としてアラブの支配者に対する攻撃を想定して書かれていたため、これを発見し、解析した時点では、米国や欧州の主要国首脳の心のどこかに、アルカイダのテロに対する油断が生じていた可能性がある。

　同マニュアルは、イスラム過激派の「イスラム国」（ＩＳＩＬまたはＩＳ）がアルカイダを凌《しの》ぐ勢いで台頭してきている現在でも、テロリスト（マニュアルではジハーディと呼称）の間でテロの教科書として重視されており、後出の

６　学生運動を起源とし「ムスリム同胞団」の流れをくむイスラム主義過激組織。精神的指導者は米国で終身刑を受け服役中のオマル・アブデル・ラフマン（『国際テロリズム要覧２０１６』３２４ｐ）

「イスラム国」のテロ・マニュアルにも同じフレーズが数多く用いられている。

（2）「アルカイダ・ハンドブック」（アルカイダの訓練マニュアル）の概要

同マニュアルの原文は、18章・180ページに及び、冒頭に、アルカイダが対峙《たいじ》している主敵を複数の背教者の政権と定義し、彼らには軍事力をもって対抗していくべきと宣言している。その軍事組織に必要なものとして、①偽造旅券及び偽造通貨、②隠れ家として使用するアパート及びアジト、③通信手段、④移動手段、⑤情報、⑥武器・爆弾、⑦輸送手段、の7つを基本項目として挙げている。また、アルカイダの構成員になるためには、イスラム教徒でなければならず、非イスラムの者をリクルートした場合は、必ずイスラム教徒に改宗させる必要がある。その上で組織のイデオロギーに身を捧げることが求められ、上官の命令には絶対服従を誓わされる。

さらに、アルカイダは、組織を守るため、秘密保持と情報の秘匿の重要性を強調しており、保秘は敵を欺くために最も有効な武器と見なされていた。当然のことながら、敵に捕獲され、拷問された場合の対応にも言及しており、〝この苦痛に耐え、自分自身はおろか、自分の信仰を決して売り渡してはならない〟と厳命している（ここでは自らの命を絶てとは言っていない）。

（3）作戦のための資金管理

アルカイダは、資金の保全に対しても十分な注意力を払っている。例えば、作戦のための資金は、一般の金融機関に預金してはならず、1か所に保管することも禁じている。さらに、資金については仲間にも話してはならず、特に作戦のための資金は、通常、構成員以外の者に預けておき、必要な時に引き出せるようにしておくとしている。なお、この時点では、資金調達の方法に関して言及はない。

（4）身分証明書、旅券等の偽造

アルカイダのテロ要員は、作戦を行うに際しまず本名を使うことはないため、身分証明書や旅券の偽造にも長《た》けていた。しかし、昨今、治安機関による偽造書類等の発見・摘発技術も格段に進歩しており、テロリストは電子処理による厳格なチェックを乗り越えなくてはならない。最近の例を見ると、テロリストは、偽造業者等[7]に書類の作成を依頼するケースが増え、特に、旅券の偽造についてては、真正のブランク旅券[8]を入手し、これに実在の人物の身分事項と使用者の写真を刷り込むという巧妙な手口を使っている例が多いといわれる。この精巧な偽造技術を使っても、摘発事例は数多く報告されているが、その理由は、業者が同じ身分情報を使って複数の偽造旅券を作成し、写真だけ換えて複数の依頼者に渡していることが多いため、入国管理がオンライン化されている先進国などでは、同姓同名異人の不自然な入国は即座に摘発されてしまうからである。[9]

その他、アルカイダは、偽造旅券を使用する際の規定も様々に設けている。司令官クラスの幹部や、基地間、細胞間の連絡担当員は、複数の偽造身分証明書や偽造旅券を所持（旅行時は一組のみ携行）し、それぞれの記載内容をきちんと記憶し、偽装の出身地の方言等も身に着けるよう指導されている。証明書、旅券に貼る写真は、ムスリムであることを秘匿《ひとく》するため髭を剃ったものを使用するよう指導しており、書類上の国籍の国の言語に自信がなければ、当該国に旅行することも禁じられている。

これも、すべては作戦が成就する前に敵に発見され、逮捕されてしまうことを避けるためであり、テロリストは、慎重の上にも慎重を重ね、練り上げた作

7 トルコはシリアとイラクに入るための中継国と化しており、トルコ国内にはパスポート偽造組織が存在し、ISへの加入を求める外国人に与えられているという（「時事Current」2017年1月27日）http://www.recordchina.co.jp/category.php?type=10

8 イスラム国（IS）の手元に「未記入のパスポートが数万冊」とドイツの日曜紙『Welt am Sonntag』紙が報道（TechinsightJapan 2015.12.21）http://www.excite.co.jp/News/world_clm/20151221/Techinsight_20151221_216380.html

9 Mail Online17 November 2015 The Syrian passports to terror: EIGHT migrants have got into Europe with same papers as those found on stadium suicide bomber

戦を必ず成功させるべく、執念をたぎらせていることがわかる。

(5) 武器の調達

テロリストにとっても、武器購入に際しては非常な緊張を伴うようである。まず、武器を購入する場合には、十分な下準備が必要としており、①購入する場所について事前に調べておく、②その場で情報提供者や治安関係者が監視していないか入念にチェックする、③武器の受け渡し場所は警察の近くなど危険な場所を避ける、④受け渡し場所への接近には十分注意する、⑤敵である官憲の監視を見破る術を訓練で身に着けておく、⑦売り手が情報・治安機関員、あるいは、その協力者でないことを事前に調査しておく、などの諸手続きを必須事項として定めている。さらに、受け渡し時の注意と購入する武器に関するチェックも厳格に行うよう指示しており、①武器が十分使用できること、②品質検査、試射が終了し、武器自体に確信が持てるまでは代金を支払わない、③購入者である自分が誰であるかを秘匿し、使用目的も言わない、④売り手をよく観察し、不審な挙動がないか確認する、⑤受け渡しの時間をなるべく短くする、などが列挙されている。その他、購入した武器の運搬方法、保管方法等についても細かい規則が設けられている。

（6）テロリストの情報収集の手法

テロリストが人質を取り、尋問を行う場合、必ず疑うのは、人質が米国のスパイではないかということである。以前、テロリストに拉致《らち》された日本人に対しても、「お前はＣＩＡのスパイではないか」と執拗《しつよう》に食い下がっている尋問シーンがインターネットに流されていた。イスラム過激派系のテロリストが最も警戒していると思われるのは、米国中央情報局（ＣＩＡ）の工作員であり、テロリストは、それだけ同局の情報工作を恐れているのであろう。当然、アルカイダのテロ・マニュアルには、ＣＩＡへの対応法が記載されており、その内容には興味深いものがある。ＣＩＡが特定の対象に情報工作を仕掛ける場合、その対象となり得るのは、①自国の政策に失望し、米国に指導と今後の方向性に関してアドバイスを求めている外国の公務員、②自国にあっても政府に反抗するような思想を有する者で、これは価値の高い情報提供者となり得る、③生活が派手で、定められた収入では生活できない者、または、異性に弱点を持つ者やアルコール依存症の者（これらの弱点を突いて金銭で獲得できるエージェ

10 情報機関員が対象組織（政府、軍隊、政党など）の内部に協力者を獲得し、情報収集に利用する。いわゆる諜報活動の中心となる手法のひとつ（青山理『日本の公安警察』）

11 この情報とは、近代戦における軍事情報と同じ意味を持ち、必ず敵に打ち勝つためのものである

12 CIAは、公然情報、非公然情報を収集し、それを分析することにほぼ特化した組織である。CIAは、通常理解されているより、はるかに公開資料から得られる情報に依存しているが、CIAを際立たせているのは、やはりその非公然活動であろう（日本国際問題研究所「9・11テロ攻撃と『ヒューミント（人的情報）』」https://www2.jiia.or.jp/RESR/column_page.php?id=34）

13 安部川元伸『国際テロリズムハンドブック』

ントは、比較的容易な標的と言える。しかし、自分の行為に気高さを感じているような人物は、組織内の情報提供者[10]としてリクルートするにはかなりの困難を伴う）などであるとし、組織内に敵の手先を侵入させないよう、常に厳重な警戒態勢を敷いている。

さらに興味深いことは、アルカイダ自身が自組織のための情報工作（リクルート）の方法を訓練のプログラムに盛り込んでいることである。テロリストが重視している情報[11]とは、敵の能力と戦略を正確に把握し、味方に確固たる対策を用意させることができる情報である。味方の損害を極力抑えるため、まずは敵の弱点を知り、敵の裏をかいて可能な限り甚大な損害を与える。情報源としては、①公然の情報源[12]と、②秘密情報源とがあり、①については、文字通りラジオ、テレビ、新聞、雑誌、インターネット、政府刊行物、その他、誰もが一般に入手できる公然の情報であり、これは各国の情報機関でも最も多くの情報を収集できる有益な手段として重用されている。西側の某国の有力な情報機関は、入手する全情報の80～90パーセントが公然のソース[13]から得られていると公言しているが、それだけ膨大な量の情報を扱っているということである。しかし、個々の情報の価値を判断基準にすれば、公然情報は、組織の秘密工作で入手した非公然情報とは比較すべくもないことは言うまでもない。

②については、これを収集するには特殊な能力と技術が求められる。現代社会では、衛星情報、通信傍受などでかなり機密度の高い情報も得られるが、これらの技術はテロリストにとってはアクセスしにくい性質のものであろう。しかし、テロリストでも情報機関でも、本当に欲しい情報は非公然情報である。すなわち、最も入手しにくい情報であるが、アルカイダは、この難問を克服するため、秘密情報の入手法として次のような例を挙げている。

◉敵側の人間が自発的に情報提供を申し出てくるケース（売り込み[14]）
◉監視や尾行により、敵のアジトや人物特定を行う
◉捕獲した敵を尋問（拷問）し情報を得る
◉敵の秘密情報を窃取する
◉敵の組織内に内通者（スパイ）を設定する

このうち、内通者を獲得（リクルート）するという手法については、同マニュアルでは極めて危険な作業であるとしており、この任務に当たるメンバーは誰でもいいというわけではなく、組織内で慎重に選別された者でなくてはならないとしている。

14　A walk-in agent is an individual who voluntarily offers to conduct espionage. Specifically, a "walk-in" is an agent or a mole of a government who literally walks intoan embassy or intelligence agency without prior contact or recruitment（Wikipedia）

15　小原凡司『中国の軍事戦略』中国情報機関による「ハニートラップ」戦術

16　欧州などの主要空港でイスラエル向けの旅客機搭乗者に対して、同国情報機関職員が質問しテロの予防を行っている（著者注）

いずれにしても、これらは、いわゆる人的情報（ヒューマン・インテリジェンス）の代表的な手法であるが、テロリスト側も、基本的には、このようなごく伝統的な手法で敵側の懐に飛び込み、決死の覚悟で秘密情報の入手に取り組んでいることがわかる。

（7）テロリストの組織防衛策

アルカイダは、極めて慎重な組織であり、敵から組織を防衛するための保全計画を綿密に立てていた。前述の自爆の多用も組織防衛策の一環であるが、自爆以外にも、作戦行動におけるひとつひとつの場面で遭遇する可能性のある敵側の罠[15]に対し、細心の注意を払うよう指示している。基本的には、敵を惑わせ、翻弄させるような虚偽の情報で作戦計画の暴露を避けようというものである。例えば、テロリストが移動する際に空港での質問にどう答えるかなども訓練のカリキュラムに含められている。質問者は、相手にじっくり考える余裕を与えず矢継ぎ早に質問してくるので、前に答えた内容と矛盾があったら、嵩《かさ》にかかって攻めてくる[16]。この厳しい質問に耐えきれず、つい任務に関する秘密を話してしまうようだと、攻撃計画はその時点で頓挫してしまうことになる。身柄は拘束され、さらに厳しい尋問が待っている。アルカイダは、メンバーの誰かが、こうした事態に遭遇し、敵に逮捕されても、進行中のテロ計画の内容と組織の秘密を敵に知られないよう、万全の準備をしている。米国及びその同盟国が、２００１年10月にアフガニスタンのアルカイダの拠点に攻撃を開始して以来、最高責任者のオサマ・ビン・ラディンがパキスタンのアボッタバードで米特殊部隊に殺害[17]されるまで、実に10年の歳月を要したのも、それだけアルカイダの組織防衛態勢が徹底したものであり、秘密厳守の仕組みが整っていたということであろう。

3 「イスラム国」のテロ・マニュアル

「イスラム国」（ＩＳＩＬ）は、元々は「イラクのアルカイダ[18]」（ＡＱＩ）と称するアルカイダの一地方組織であったが、２０１４年2月にアルカイダと袂《たもと》を分かち、組織名を現在の「イスラム国」に変え、シリアからイラクに至る広大な地域でイスラム法（シャリーア）の下で統治するカリフ国家を創設

17 Osama bin Laden, the face of terror, killed in Pakistan(CNN May 2, 2011) http://edition.cnn.com/2011/WORLD/asiapcf/05/01/bin.laden.obit/index.html?hpt=T1&iref=BN1

18 「イラクのアルカイダ」（ＡＱＩ）などのスンニ派イラク人を主体とするイスラム過激派組織等がイラク政府関係者及び治安部隊、米軍主導の多国籍軍部隊などへの攻撃に加え、宗派間抗争を煽るため、現政権を支えるシーア派住民に対するテロを多発（公安調査庁『国際テロリズム要覧２０１６』）

19 安部川元伸『国際テロリズムハンドブック』92ｐ

（2014年6月）した。その後、「イスラム国」は破竹の勢いで占領地を拡大し、最盛時には、イラクとシリアの全領土の3分の1ほどを占拠するに至った。しかし、2015年以降、イラク国軍、クルド軍、米国が主導する連合国軍、シリアのアサド政権軍及びアサド政権を支援するロシア軍、イラン系のシーア派武装勢力等による攻撃が激化したため、「イスラム国」は多くの拠点を失い、財政的にも弱体化していると見られている。

そのような情勢下、「イスラム国」は、欧州、アジア、中東、北アフリカ諸国等から集まってきた、いわゆる外国人戦士を占領地内のキャンプで訓練し、時には実戦を経験させた後に、次々と母国に帰国させ、各出身国で報復のためのテロ攻撃を行うよう指示してきた。これと同時に、「イスラム国」は、ツイッターやフェイスブックなどのソーシャル・ネットワーキング・サービス（SNS）を活用し、遠く離れた欧州、米州、アジアなどの若者をリクルートし、彼らに現地政府や軍、警察、さらには一般市民を対象としたテロを行わせているが、彼らのほとんどはテロ訓練を受けていない、現地の自称ジハーディスト（ホームグロウン・テロリスト[19]）たちであり、武器の扱い方やテロリストとしての身の処し方にも習熟していない。したがって、「イスラム国」やイエ

「イスラム国」のテロ・マニュアル

メンを拠点とする「アラビア半島のアルカイダ」（ＡＱＡＰ）[20]などのテロ組織は、ウェブサイト等を通じて彼らを疑似訓練し、技術的に未熟のまま西側諸国等でテロを実行させている。しかし、それでも彼らの士気は高く、自分たちが社会で迫害されていることへの恨みと、中東で虐待され、殺戮されているイスラムの恨みを同期させ、報復の炎となって西側社会に対して立ち向かっているのである。

「イスラム国」の最近の傾向は、このように、士気は高くても、テロリストとしては未熟な彼らの作戦行動を何とか成功させたいと考え、様々な形でテロリストのマニュアルを作成し、これをウェブサイトに載せ、西側諸国に潜むホームグロウン・テロリストにテロの教科書として提供していることである。中でも、「イスラム国」が作成したと思われる新人ジハーディスト用のハンドブック[21]は興味深い内容を含んでいる。前述のように、テロリストは、これらのマニュアルにより、いかに警察や治安機関の目を逸《そ》らし、テロ攻撃を成功させるかを強調している。

（1）「イスラム国」のテロ・マニュアル、「西側の国でどう生き残るか」

20 公安調査庁『国際テロリズム要覧２０１６』１０３～１１８ｐ

21 Islamic State Publishes 'How to Survive in the West' Handbook for Jihadi Secret Agents ? And It's Hilarious (Vice News June 13, 2015) https://news.vice.com/article/islamic-state-publishes-how-to-survive-in-the-west-handbook-for-jihadi-secret-agents-and-its-hilarious

22 How to Survive in the West' A Mujahid Guide 2015

23 LINE、Twitter、YouTube、Facebook、Instagram、Google Maps などによる無料通信機能（著者注）

24 イスラム国は当局の盗聴や監視から逃れるため、暗号化アプリ、アップルの「iMessage」、「Kik」「Surespot」「Wickr」などを使用しているといわれる（山田敏弘「【対テロ戦のジレンマ】社会の安全か個人情報の保

護か」２０１５年11月26日）

「イスラム国」は、２０１５年６月、「西側の国でどう生き残るか」[22]（How to Survive in the West）というテロリストのためのガイドブックをネット上に掲載した。これは、テロリストのマニュアル本であり、世界中の「イスラム国」予備軍の若者たちの間に瞬く間に浸透していった。同マニュアルが対象とする読者は、「イスラム国」の敵地である西側に住み、自国社会に不満を持つ若者たちであり、既に「イスラム国」の主張に心酔して自国でテロ攻撃を行うことに全く抵抗を感じなくなっている若者たちである。事実、同マニュアルは、彼らが警察などの治安機関に事前に探知されることなく、密かにジハード（彼らにとっては聖戦）を実行する方法、または、いかに敵を翻弄し、ジハードを成功に導くかを微《び》に入り細を穿《うが》って教示している。同マニュアルで最も強調されている点は、治安機関による通信傍受を避けるため、できる限り新世代のスマートフォン用のメッセージ・アプリケーション・ソフト[23]等を使用して暗号通信を行うことである。西側の某情報機関の幹部は、「テロリストが最新の暗号システムを使用[24]しているため、テロ計画を事前に察知し防止することが難しくなっており、パリやブリュッセルでテロが起きてしまったのも、治安・情報機関の対応が後手後手に回っていたためである」と吐露している。一方、テロリストは、これに味を占め、さらに優れたデジタル・セキュリティによる暗号通信を活用し、治安・情報機関の弱点を突こうとしている。

「イスラム国」のテロ・マニュアル「西側の国でどう生き残るか」は、70ページに及ぶハンドブックであり、ここでは、まず、彼らジハーディストの正統性を強調し、不信心者[25]（infidel）による「ムスリムは全てテロリストだ」とする虚言を信じてはならないとし、また、こうした不信心者の敵意こそが自分たちを過激化させていると自らの暴力を正当化している。こうした冒頭の思想面の記述に続き、同マニュアルでは、イスラムのために欧州全土、世界中を征服することの必要性を説いている。

実体的な教示として第一に挙げられているのは、「偽装」の有用性であり、工作員は本名を秘匿し、偽名を使うよう勧めている。スーパーヒーローの名前でも悪役の名前でもよい。本名が「アリ」であれば、西洋人風に「アル」や「アダム」と名乗る。これが偽装の名前となる。風貌については、カツラ、コンタクトレンズ、口髭などで変装する。特に口髭で容姿を変えれば、国境の通過もより容易になる。また、ビジネスでの偽装を併用すれば、単なる偽装の域を超え、場合によっては、白人の協力者を獲得[26]することも可能である。政府に不満を持っているが、外見はまともに見える白人と親しくなり、仲の良い友人となることも勧めている。

25　イスラム過激派は、西側諸国や中東の王国政権等を不信心者（異教徒，異端者）と決めつけテロの対象にしている（著者注）

26　ISIS' secret weapon: Terror nuts to use 'white converts in UK' for major attack at HOME(Daily Star Sunday24 January 2016)

27　ＩＰアドレスを相手に知られることなくインターネットに接続したり、メールを送信したりできる匿名の通信システムのこと（Gigazine）http://gigazine.net/news/20140722-7-things-tor/

28　「クラブマガは１９４０年代にイスラエル軍で開発された接近格闘術」（「MAGAGYM」）

29　WIKIHOW ハウトゥ・マニュアルを構築するためのウィキベースのコラボレーションサイト http://www.wikihow.jp/%E3%83%A1%E3%82%A4%E3%83%B3%E3%83%9A%E3%

プライバシーに関してはいくつか教示があり、まず、失敗を避けるため、ジハーディストを連想させるような行動はしないこと、さらに、偽装のために、密かにポルノに興味を持っているように装うことも必要とされる。同マニュアルでは、自宅では、ジハードに関するネット検索を行ってはならず、関係するものも持ってはならないと指示している。ネット検索する場合は、匿名通信システムの「Ｔｏｒ」[27]を使うよう奨励している。

さらに、ジハードに関して基本的な動向を摑《つか》むための最も安全な方法は、アルジャジーラ等のニュース番組を見ることである。また、インターネットで、最小限の手間で、しかも漏れなくジハード関連情報を入手するには、ソーシャル・メディアが最適であり、特に、ツイッターが良いとされている。身体の鍛錬として走ること、ユーチューブで「クラブマガ」[28]（イスラエルで考案された近接格闘術）等を独修し、ウィキハウ[29]でムジャヒディンとしていかに個人の感情を殺し、血も涙もない戦士になれるかのヒントを探すことも重視している。

そのほか、銃の訓練のために、おもちゃのピストルや、ペイントボール・ガン[30]を購入することも勧めているが、購入に際しては、子供や第三者に依頼するかし、決してネットショップなどを利用してはならないとしている。万が一警察に疑われた場合に追跡調査されないよう、クレジットカードの使用も固く禁

83%BC%E3%82%B8

30　ペイントボール弾を撃つための銃。米国生まれのペイントボールという競技（スポーツ）があり、雪合戦のように染料の入ったペイントボール弾で撃ち合い、対戦相手にヒットしたら勝ち（「ARMSGEAR.」）

じられている。ただし、おもちゃのピストルを持っていても、テロの訓練のためと見抜く警察・治安機関員はいないだろうとも言及している。

（2）テロリストによる暗号メッセージの効果

こうした状況に危機感を抱いた各国（特に米国）政府は、パリでの同時多発テロ事件（２０１５年11月）を受け、グーグルやアップルなどのインターネット関連企業に、スマートフォンを使った暗号メッセージの通信記録や解読する技術の提供を要請した。しかし、ここでは、利用者のプライバシー保護の問題が取り沙汰され、テロから人命を守る治安・情報機関と、プライバシー擁護派との間で相互の主張が対立し、妥協点はなかなか見出せないでいた。この間にも、「イスラム国」は、若くて知識が豊富な支援者たちにツイッターやフェイスブックなどのソーシャル・メディアを活用させ、治安・情報機関を翻弄して捜査を逃れつつ、自由自在に新しい仲間をリクルートしているとみられる。

「イスラム国」は、特にＩＴに明るい若者のリクルートに力を入れており、彼らが日常生活で使用している「フェイスブック・メッセンジャー[31]」、「ワッツアップ[32]」、「アップル・アイメッセージ[33]」、「ツイッター・ダイレクト[34]」、「スカイ

31　スマートフォン等のフェイスブックを使って個人同士でチャットができるシステム

32　電話番号を電話帳に登録している相手（相手がWhatsAppを使用している時）は自動的にWhatsAppの連絡先に追加される。ＩＤがないため通信を開始する前にお互いが電話番号を登録し、アプリと同期させる必要がある

33　アイフォン、アイパッド、アイパッド・タッチ等で送受信ができるメール機能

34　「ダイレクトメッセージ」とは、フォローし合ってる人で会話ができる非公開メッセージ。自分のフォロワーだけに送信でき、自分がフォローしている人からのみ受信可能

35　世界中で誰とでも無料でビデオ通話や音声通話ができる

36　チャットができるアプリケーション。ユーザーが写真や動画を個人、またはグループに送

信することができる

プ[35]」、「スナップ・チャット[36]」などを使ってテロ計画について仲間と通信し、要員のリクルートにも活用しているのである。これらのアプリケーション・ソフトを使った暗号通信は、治安・情報機関による電子的追跡を遮断することができる。したがって、彼らの多くは、もはや、テキスト・メッセージやEメールによる通信は行わず、これらのソフトを使った暗号通信に切り替えているといわれる。治安・情報機関をさらに悩ませているのは、若者たちが好んで使っているビデオ・ゲームやスマートフォンのゲームにチャット機能が付いており、テロリストがこのシステムを使って傍受不可能な通信を行う可能性があることである。治安機関には思いもよらなかった通信方法であり、治安・情報機関がこれをモニターし、テロ情報を摑んでテロ計画を未然に摘発することは極めて困難になったといわれている。

　これらの機能は、元来は利用者のプライバシー保護や、職業柄秘匿性の高い通信が必要とされるユーザーの要望に応えるために開発されたものであり、使用法も簡単で利用者にとっては極めて使い勝手が良いものである。しかし、テロリストは、この利便性に目を付けていち早くこれを採用し、治安・情報機関の捜査の網を潜り抜けてこれまで幾多の凄惨なテロを成功させてきた。まさに、テロリストにとっては、これらのメッセージ・アプリケーションは、何にも勝る最強の武器となっている。また、「イスラム国」を始めとするテロリスト組織は、テロ攻撃の犯行を自認する声明[37]の発出にも、しばしばツイッターやテレグラム[38]等を使用している。

ただし、全てのテロリストが十分な訓練を受け、自組織を防衛するための能力を維持しているわけではない。中には、防衛意識の低い者もおり、普段から友人との間で使用してきた一般のアプリを使って、うっかり組織の秘密通信を平文でやり取りしてしまうというケースもある。治安・情報機関にとっては、それこそが狙い目であって、非暗号のメッセージ通信は決して逃すまいと常に網を張っているのである。テロリストも、治安・情報機関も、ミスを犯せば必ずその報いがあるということである。暗号技術とこれを解読する技術は日進月歩で発達しており、かつて政府機関の目を逃れることができたものでも、少し時間が経てばもう通用しなくなってしまうという、いわば、イタチごっこの世界である。

テロリストが使用する通信技術の態様も、9・11米国同時多発テロの時代と、現代の「イスラム国」のそれとでは格段の差がある。近年急速に発展してきたスマートフォンとソーシャル・メディアの機能は、欧州や米国などの先進諸国で暮らす「イスラム国」信奉者と、シリアやイラクの同組織の拠点とをデ

37　テロ・殺人・傷害事件などを行った者が自らの名称や犯行を起こすに至った理由について、広く周知する形で述べる行動。最近はインターネットの動画投稿サイトなどに、自分たちの声明を送りつけることが多い

38　このソフトでユーザーは暗号化や自動的に消滅させられるメッセージや写真、ビデオ等をやりとりすることができる

39　1991年と2003年に起きたサダム・フセイン統治下のイラクと米軍、英軍等が主導する多国籍軍の戦い

40　アルカイダの幹部を匿うタリバンに対し、米国を中心とする北大西洋条約機構(NATO)軍は2001年10月にアフガニスタン戦争を開始した(筆者注)

41　特定の思想によって個人や集団に影響を与え、その行動を意図した方向へ仕向けようとする宣伝活動の総称。特に、政治的意図をもつ宣伝活動をさすこ

ジタル通信で結び、情報のやり取りを可能にしている。イラク戦争[39]、アフガン戦争[40]の時代にもビデオを配信するシステムは存在し、一定の機能を果たしていたが、現在、「イスラム国」が先進国の大学等からリクルートした若い技術者の画像・動画の編集技術は、目を見張るほど高いレベルである。彼らが作成し、世界中に流す悲惨なテロシーンの画像などは、まるでホラー映画を見るように西側の多くの若者にインパクトを与え、大きな関心を引いている。「イスラム国」によるこれらのプロパガンダ戦略[41]は、かつて出現したどのテロ組織よりも質・量ともに優れている。「イスラム国」は、この能力を使って要員のリクルート、資金の移動、標的の選定、テロリストへの指示、作戦の詳細に関する連絡等を行っている。これまで判明しているものでは、「イスラム国」は、ツイッターを使って若者のリクルートに成功した場合、それ以降の通信には暗号化したメッセージ・アプリを使用するよう指示し、安全を確保した上で、より核心に迫る生々しいやり取りが始まるといわれる。公開されたＳＮＳのサイトが使用されることもあるが、多くの場合、秘匿性の高い暗号メッセージ・システムが使用される。治安・情報機関がこれを傍受し、解読するのは至難の業といわれている。

英国の国内情報機関のＭＩ５（保安局[42]）のアンドリュー・パーカー長官は、

とが多い（三省堂ワードワイズ・ウェブ）

42　英国の国内治安維持に責任を有する情報機関で内務大臣の管轄下にあるが、司法警察権を有さない

「テロリストが、安全に、しかも治安機関の監視の目をかいくぐって自由に通信できるシステムを使用しているが、この技術の進歩を昔の状態に押し戻すことは不可能である。我々も、テロリストが使用しているものと同じ技術を使い、テロリストの情報を摑む必要があろう。それが我々に残された唯一の方法である」と、苦難の表情でコメントを発していた。

一方で、英国政府は、スカイプやワッツアップを使用した暗号通信がテロリストに活用され、捜査を潜り抜けている現実に鑑み、これらのアプリケーションの使用に制限を設けるべきと主張していた。しかし、この意見には、民間、ビジネス界、コンピュータ・セキュリティの専門家らから激しい反発の声がわき上がり、「これらの暗号機能を弱めるということは、インターネット産業に打撃を与えるばかりでなく、予期し得ない新たなセキュリティ上の脅威を招くことになる」と反論した。しかし、英国政府は、これらの反対意見を押し切り、インターネットのプロバイダーに対し、サイトにアクセスした利用者に関する情報を保存するよう要請するなど、政府機関に対し、より強力な捜査権限を与えるための法整備がどうしても必要と訴えた。しかし、通信傍受に関する治安・情報機関の権限を拡大することには、市民のプライバシーに関する領域まで無差別に対象にされかねないとの懸念から反対する声が多く、いわゆる、

43　英国は2010年から5年間の政権の実績のひとつとして「新通信法」を施行させたい考えでいたが、政府が過去のような権限を失っていると見られることが原因で遅延している（大澤健「英国における情報通信法制の系譜と行方」）

英国の「通信データに関する法案」[43]は、議会への提出が遅れ、さらに内容も大きく修正され、結局、骨抜き同然のものになっている。

(3) テロリストのリクルートに関するマニュアル

テロリストのリクルートに関しては、2000年頃に出されたアルカイダのマニュアルと、2014年以降に「イスラム国」が出しているものとは、内容においては基本的に相違がなく、細部も共通している部分が多い。

しかし、最近のテロリストは、ITの急速な普及に伴い、オンラインで必要なところに必要なだけのジハーディスト予備軍をリクルートし、テロの実行部隊に仕立て上げている。特に、「イスラム国」は、世界中の不特定多数の若い世代を標的にして彼らを組織に引き込もうとしており、その成果は、かつてマンツーマンのスタイルで対象者を獲得していた時代とは大きな違いがある。基本的に、オンラインを使用すれば、経費はそれほどかからず、思いがけない方面から反応が来ることもある。さらに、理論上は大して労力もかからず、容易に要員を獲得することができる。「イスラム国」は、実戦を担う兵士や、テロの実行為者として育てたい男性だけでなく、将来の戦士を自ら生み出すという独特の思想も有しており、子供を産める女性を対象にしたリクルート活動にも力を入れている。ナイジェリア北東部を拠点にし、「イスラム国」に忠誠を誓っている「ボコ・ハラム」[44]のように、女学校を襲撃して大勢の女子生徒を誘拐（２０１４年4月、ボルノ州の学生寮を襲撃し女子生徒２７６人を拉致し、女子生徒らを「奴隷として売り飛ばす」との犯行声明を出した）[45]し、組織のイスラム戦士と結婚させ、子を産むことを強要しているテロ組織もある。これは、基本的には「イスラム国」の発想と同じであり、「イスラム国」も、欧州や米国などの若い女性に呼び掛け、不法越境[46]させてまでシリアに所在する彼らの拠点まで来るよう働き掛けている。

（4）若者を対象としたリクルートの手口

アルカイダと「イスラム国」は、既述のように、ほぼ同じマニュアルを使用してテロリストの訓練、要員のリクルート等を行っているが、前者はより慎重で用心深いのに比べ、後者の「イスラム国」は、比較的オープンにリクルート活動を行っている。「イスラム国」は、西欧からＩＴの専門家を多く集めており、また、元々、彼ら自身もＳＮＳ等を通じ、現地でリクルートされているた

44 『国際テロリズムハンドブック』44～48Ｐ
45 ボコ・ハラム女子生徒21人を解放、２０１４年に２７６人を拉致（THE HUFFINGTON POST 2016.10.14）
46 先進諸国の若者たちが、シリアとトルコの国境を「不法越境」してイスラム国に参加するケースが後を絶たない（NAVER 2014.10.7）

め、新規メンバーの大半は、中東、アフリカ、アジア等にあるイスラムの国（イスラム文化圏）に行った経験もない。

ここ数年の間、「イスラム国」は、瞬く間に数万という規模に膨れ上がった（最近では、戦闘による消耗と、脱走・逃亡などにより相当数減少しているといわれる）が、これを支えてきたリクルート活動は、かつてアルカイダが作成し、現在も「イスラム国」が使用しているとされるテロ・マニュアルに依るところが大きいと思われる。このマニュアルには、テロリストのリクルートの手法として、以下のような基準と手順が記載されている。

◉宗教とはあまり関係が深くない者を対象にする

同マニュアルでは、リクルートの対象として、宗教心の強い者には特に用心するよう指示している。自分の宗教を持ち、深く信仰しているような者は、誘いに乗ってこないため、結局失敗することが多いと述べている。リクルートの対象として最も相応しいと思われるのは、自分の人生の意味を探しているような悩み多き若者であり、彼らの心の中には容易に入っていくことができるとしている。特に、イスラムをよく知らない対象は、簡単に教化・洗脳することができ、言われたことに反発するようなこともない。マニュアルでは、ムスリムの若者でも、あまり宗教心が強くないと感じられる対象であれば、ほぼ完璧に作業が進められると言い切っている。この類の若者は、その後、次第に思想面を強化していき、組織の意向に沿った方向に導くという段階に達したとき、疑問も持たずに過激化し、組織に忠誠を誓わせるという作業が非常にやりやすいのである。リクルーターが気に入り、自分の傍《そば》に置いておきたいと思うような戦士を自分の戦列に加えるということも可能とされる。特に、若者は、リクルートの対象としては最も安全な部類に入る[47]。しかし、安心ばかりしてはいられない。

◉リクルートの主対象は学生で、世間から孤立し、都会から離れて居住する者など

大都市の喧噪から離れて暮らしている人は、宗教に対して自然体で身を委ねてくる。そういう人たちは説得しやすいとしている。また、高校生や大学生などの学生は、重要なリクルートの対象となる。大学では、4年、5年、6年間という長い期間、孤独に耐えなくてはならない。しかし、彼らは熱心で活動的でもあり、往々にして反政府的な感覚も備えている。しかし、注意も必要である。スパイが潜り込んでいる可能性も考慮に入れなければならないと強調している。一方、高校生は、若いということが魅力だが、彼らもすぐに大人にな

47。和田大樹「なぜ、若者はイスラム国を目指すのか」(「Will」2015年3月)http://ironna.jp/article/1169

48 現状改革の上で初期イスラムの時代(サラフ)を模範とし、それに回帰すべきであるとするイスラム教スンニ派の一派

る。彼らに相応しい方向で巧みに引き込んでいかないと、一瞬の間に誰か他の者に先を越されてしまうことにもなりかねない。その場合、彼らを最も魅了するのは、多分に物質的（金銭、豊かな暮らしなど）な動機ということになろう。しかし、急《せ》いては事をし損じる。急ぎ過ぎれば、布教の成果を台無しにしてしまう可能性がある。この世代の最大のメリットは、第一に、純粋な心を持っていること、第二に、彼らは敵のスパイである可能性が低く、組織に引き込んだ後も安全性が高いことである。特に、個人的なアプローチで布教に成功し、真面目に信仰にのめり込むようなタイプの人物は、さらに安全性が高まるとしている。

◉リクルートは少しずつ始める。対象者を怖がらせず、逃がさないようにする

テロリストのマニュアルでは、リクルートの対象者との会話で、最初の段階からイスラムについて話すことは勧めていない。本来の目的を相手に見破られないためである。何事にも、最良のタイミングというものがあり、決して焦ってはならないと再三注意している。さらに、この段階では、アルカイダ、サラフィスト系[48]のジハード組織、その他のジハード組織について話題にすることも固く禁じている。しかし、説得者が説教師（イマーム）であれば、反政府闘争を戦っているムジャヒディンや、反抗組織の戦士を正義のヒーローになぞらえるような一般的な話は、むしろ積極的に話題にするべきとしている。恐らく、テロリストの間では、リクルートの対象になるような人物は、元々、ムジャヒディンという正義の戦士に憧れているケースが多いと考えられている。しかし、リクルートの担当者は、「メディアは、こぞってアルカイダほかのジハード組織についてイメージを歪めて報道している」と不満を持っているため、これらの具体的な組織名について言及することは、むしろリクルート活動にとっては逆効果になる可能性があることもよく認識しており、状況を判断し、より慎重にリクルートに取り組むべきと考えている。

◉リクルーターは、ジハーディストの宣伝をしながら作業を進める

リクルーターは、対象のために綿密な計画を立て、少なくとも毎日1度は対象にコンタクトし、レクチャーを施さなければならない[49]。対象にとって、イスラムに関するレクチャー、イスラムの書籍、イスラムの小冊子等が最高の友人（心の拠り所）となるよう仕向ける。こうしたレクチャーやイスラムの書籍をCDにして対象に送り届けることも推奨されている。推薦図書のリストも用意されており、書籍は、リクルートの重要な武器として大いに利用される。対象

49 テロリストのマニュアルには、リクルート対象者の気が変わらないよう常にコンタクトするよう指導

50 イスラエル軍は、2006年、2008～2009年、2012年、2014年と立て続けにガザに侵攻、パレスチナ人に多くの犠牲者が出ている

51 ビン・ラディンはアルカイダ系のウェブサイトで2007年12月、「パレスチナの土地のほんの一握りであっても、ユダヤ人国家の存在は認めない。血は血を呼び、破壊は破壊を呼ぶだろう」という声明を出した（AFP 2008.2.26）

の信仰のレベルがまだ一定の段階にまで達していない場合には、決して刺激的な内容のジハード・ビデオ等を見せてはならないと警告している。ただし、対象が心穏やかな人物で、それを見せることによってより大きな効果が得られると判断されれば、その限りではないとしている。

◉ムスリムの悲劇・惨状を最大限利用する

リクルーターは、現在、世界で起きている事件、身の毛がよだつような恐ろしい事件（例えば、パレスチナ・ガザ地区におけるイスラエル軍による殺戮の状況等）[50]を取り上げ、イスラム教徒の立場で見た現地の様子をコメントし、解説するよう求めている。すなわち、現状では、パレスチナ問題こそが最も対象を説得しやすいテーマであると判断しており、「イスラム学者の間でも、一般のイスラム教徒の間でも、パレスチナ情勢の悲惨さを認識していない者はいない」[51]とし、したがって、イスラムの民であるからには、パレスチナ問題を理解することが最も重要とされ、その過程でイスラムを迫害する者への憎悪を植え付けようとしているのである。

◉対象の近くまで接近して心を通じさせ、相手と良好な関係を築く

対象者の欲求を満足させられるよう、最大限の支援を行うこと。当初は、たとえ相手がリクルーターに嫌悪感を抱いていても、あるいは、攻撃的な態度を示していても、彼にとって常に良い人でなければならないのである。他人から親切にされれば、誰しもその人に好感を持つようになる。対象の人となりを知るために、相手の言うことをよく聞くよう指示している。対象にとって幸せな時も、不幸せな時でも、常に対象と同じ位置に身を置き、心を共有することが大切であると強調している。さらに、マニュアルでは、リクルーターは、対象との心のつながりを保つため、常に連絡を取り合うようにし、どうしても連絡が取れない場合を除いて、1週間以上コンタクトの間隔を空けてはならないと指導している。

◉対象の良い面を強調し、イスラムのパラダイスを吹聴する

対象が道義的に優れた人物で、態度や物腰も柔らかいと思ったら、その点を大いに褒め称える。また、そのような性質が、イスラム教徒にとっては最も重要であると理解させ、より深くイスラムに傾倒するように導いていく。その上で、イスラムのパラダイス[52]に憧れの気持ちを抱かせることが重要であると強調している。ただし、地獄での恐ろしい灼熱の責め苦については、聞かれても明

52 イスラムにおける天国は信仰を貫いた者だけが死後に永生を得るところとされる。イスラム教の聖典「コーラン」ではイスラムにおける天国の様子が具体的に綴られている（『岩波イスラーム辞典』）

確には説明してはならない。その分、パラダイスの素晴らしさのみを強調し、どのようにすればそこに行けるか時間をかけて説明する。

◉対象との緊密な関係が築けたら、そこで初めてジハードの話を始める

ジハードや殉教について、さらには、その正当性、意義について根気よく教え込む。この作業は、対象が自分からジハード、殉教を望むようになるまで続ける。ジハードを希望する者は、概して、地獄での罰を極端に恐れている者が多い。対象が、ジハードこそが審判の日の恐ろしさから自分を救ってくれると確信した時、ジハーディストを志望するようになり、戦士として殉教を志願するのである。この段階になれば、対象は祈りに集中し、コーランを熟読するようになる。これでリクルーターは、任務の成功を確信できるのである。

◉神の託宣をコントロールする

リクルーターは、神の託宣（メッセージ）から相手の気持ちを逸らせてはならない。彼らは、自分の対象については、何らの疑問も持ちたくないのである。リクルートの入り口は、対象もよく目にしているまさに現在、世界のどこかで起きている現象を取り上げ、これに対して、近い将来、イスラム勢力によ

る大規模な反攻作戦が開始されるという神のお告げが出るとの期待を持たせる。ムジャヒディンのきょうだいの多くが、対象と同様にこの大作戦の夢を見ているとし、また、預言者に対するさらなる侮辱行為も行われると彼らの怒りを煽《あお》るのである。そこで、リクルーターは、対象に対し有利な立場でジハードの正当性を語ることができる。あるいは、対象は、テレビに映ったムジャヒディンの雄姿を見て心を躍らせることもあろう。こうした状況を経て、対象はムジャヒディンに憧れる気持ちをより強くすることになる。これらのひとつひとつが、対象の心を動かし、彼をジハードに引き込む格好の動機付けとなり得るのである。

「イスラム国」は、イスラム法（シャリーア）に基づく「カリフ国」の建設を果たしたと宣言し、これにより中東を拠点として世界のムスリムをひとつにまとめようと計画している。さらに、世界中から要員をリクルートし、「カリフ国」に集結するよう説いている。西側の国でリクルートした非イスラムの要員は、当然イスラム教徒に改宗させられるが、彼らは組織にとって極めて貴重な戦士となり得る。すなわち、ジハーディスト（イスラム戦士）にとっては、特に、敵国でのリクルート活動は、中東でのムスリムの殺戮に対する報復と、組

53　アルカイダの時代にはなかったＳＮＳであるが、２００７年に「アラブの春」が始まる頃から若者の間で急速に普及し、これに過激派が目をつけ、宣伝やリクルートに利用し始めたといわれる（著者注）

54　「イスラム国」の後方部門。人質殺害のシーンを写した画像にもアル・ハヤト・メディア・センターのロゴがついている

55　「イスラム国」系の通信社。「イスラム国」によるテロの犯行声明も出している

56　RSS What Language do ISIL fighters speak?「イスラム国」の機関誌「ダービク」はアラビア語のほか、トルコ語、ドイツ語、フランス語、英語で発行されている。ちなみに、「イスラム国」に参集している兵士の言語は、アラビア語、ロシア語、フランス語を始めとして18か国語にのぼるといわれる

織の生き残りのために、何にも増して大切なジハード（聖戦）と解釈されているのである。

（５）ソーシャル・メディア（オンライン・プロパガンダ）を駆使したリクルートの実態

「イスラム国」は、他のジハード組織に先駆け、いち早くソーシャル・メディアを採用[53]して効果的な宣伝を開始し、これを外国人戦士のリクルートに大いに活用してきたことはすでに述べた。「イスラム国」の宣伝媒体である「アルハヤト」[54]や「アマク通信」[55]は、ビデオを多用し、時には、子供が人質の切り取られた首を持って平然としているようなゾッとするような映像を流したりするが、その一方で、シリアやイラクの支配地での統治の様子、裁判、建設現場などを映し出して組織の宣伝を行い、自組織の正統性を強調することにも余念がない。

「イスラム国」が、文章よりも映像を多く使用するのは、メンバーの中に、それぞれの言語に精通しているネイティブを多く抱え込んでいる[56]ためであり、主に彼らがメッセージを翻訳し、それぞれの言語圏に流している。さらに、「イスラム国」は、宣伝媒体の中にBGMとしての音楽の効用を巧みに利用している。これらは、西側の若者文化に合わせ、彼らに親しみを持たせるためのものである。こうしたプロパガンダの中で、「イスラム国」は常に敵の悪行を強調し、自組織の善行を強調し、若者の共感を得ようとしているのである。

こうしたオンライン・プロパガンダ[57]は、年を追うごとにますます重視されてきているが、その一方で、刑務所、モスク周辺、地域コミュニティなどでは、リクルートそのものの秘密性を担保するため、手紙や文書の手渡しなど、引き続き伝統的なオフラインの手法[58]も使用されている。

最近の「イスラム国」が、中東の本拠地で苦戦を強いられていることから、戦闘員の確保は極めて重要になっており、そのためのリクルート活動は、組織の生き残りをかけた不可欠の課題であると言える。

他方、「イスラム国」は、こうした大々的なメディア戦術を展開するため、多くのマンパワーを投入しているといわれる。まず、西側の言語に精通した人材が必要とされ、同時に優れたIT技術者が不可欠とされている。したがって、「イスラム国」は、戦闘員だけでなく、ソーシャル・メディアを使いこなし、しかも高度のIT技術を有した要員を集めなくてはならない。

そうではあるが、「イスラム国」がリクルートしてきた外国人戦士は、実に

57　コンピュータ・ネットワークでインターネットに接続し、ネットワークで組織の宣伝活動等を行うこと

58　インターネットに接続せず、あるいはインターネットを使用せず、ウィルスに侵入されないようにして作業を行う

59　「ダーイシュ（イスラム国）の人質となったイギリス人ジャーナリスト、最新動画で『シリーズ最後』と発言する」ジョン・キャントリー氏（THE HUFFINGTON POST 2015.2.10）http://www.huffingtonpost.jp/2015/02/10/john-cantlie-video_n_6650440.html

60　コーランが語る終末の日の核心部分には「最後の審判」が置かれている。ただし、最後の審判における人間の行為の評価方法などには、コーラン独自の思想が現れている（草野巧「世界の終わりの話」）

様々であり、戦闘や殉教に憧れ、組織に入ってきた無知な未熟者もいれば、人道支援が目的で危険地帯に入り込み、テロリストに捕えられ、戦闘への参加を強要されているような西洋人もいる。[59] また、テロ組織に加入した動機としては、これも他愛のないものが多い。例えば、冒険心を満たす、地元社会への自己の印象づけ、異性の関心を買う、自己のアイデンティティの発見、復讐心、仲間意識、歴史を作るという夢の追求、その他にも無数の動機があろう。また、中には、「イスラム国」が主張している「イスラムの終末論[60]」がきっかけになり、殉教者となって天国に行きたいと願う者もいるであろう。

欧州のある統計によれば、西側から「イスラム国」にリクルートされ、シリアに渡った若者たちは、必ずしも差別され、不満を抱いている者ばかりではないといわれる。特に、欧州からやってきた外国人戦士は、社会ではまともに生きられない落ちこぼれや犯罪経験者が多く、例えば、ドイツ人のリクルートを見ると、高校を卒業したのは4分の1程度であり、3分の1は犯罪歴があるとのことであった。しかし、英国人になると異なる傾向が見え、他の欧州の国の出身者と比べると、裕福な家庭の子弟が多いとされる。

（6）「イスラム国」が経験した外国人戦士の問題点

「イスラム国」は、SNSという新しい方法により、世界中から2万人以上といわれる外国人戦士をリクルート[61]し、シリア、イラクに迎え入れたのであるが、彼らの多くは、武器の扱い方も知らず、土地勘もなく、実戦の経験にも乏しいことから、外国人戦士よりは、シリア、イラクの地元から無理矢理徴用した兵士の方が即戦力になり得るという意味では、はるかに使い勝手がよかったといわれている。実際、「イスラム国」の前線の指揮官たちからは、「正規の軍事訓練を受けていない西欧、サウジアラビア、湾岸諸国出身の外国人戦士は部隊の重荷になっており、実戦では役に立たない」というクレームが出ていたようである。外国人戦士の中で、前線から歓待されたのは、ロシアとの戦いで実戦を経験した中央アジア人、北カフカス地方出身の戦士くらいであるといわれている。そこで、「イスラム国」は、外国人戦士には、主に後方支援や兵站《へいたん》の任務を与え、なるべく最前線からは遠ざけたようである。しかし、志願して前線に配置された外国人戦士の多くは、殉教という名の下、戦闘技術が不要な自爆要員に仕立て上げられ、実際に爆死した者も少なくない[62]といわれる。

外国人戦士の最大の活躍の場は、それぞれの出身国の言語を使った宣伝活

61 ISIS Continues Steady Recruitment As 20,000 Foreign Fighters Join Extremist Groups In Syria, Iraq: Report (IBT 2015.2.11)http://www.ibtimes.com/isis-continues-steady-recruitment-20000-foreign-fighters-join-extremist-groups-syria-1812440

62 Soufan Group The Logic of Foreign Fighters as Suicide Bombers(Jul 11, 2016)http://axisoflogic.com/artman/publish/Article_74611.shtml

63 A JIHADIST'S COURSE IN THE ART OF RECRUITMENT (CTC Sentinel Feb,15 2009) https://www.ctc.usma.edu/posts/a-jihadist%E2%80%99s-course-in-the-art-of-recruitment

動、外国人捕虜への対応と身代金獲得のための交渉であったといわれている。しかし、彼らは、その母国語を駆使して大量の戦士のリクルートを成功させ、激しい戦闘と有志連合による空爆による損耗を補っているのであり、決して外国人戦士の貢献度を侮ることはできないのである。

（7）西洋人女性を対象としたリクルートの手口

２００９年にイラク駐留の米軍が同国で発見した「リクルート技術の手順[63]」（A Course in the Art of Recruitment）に記されたリクルートの手法に基づき、米国で「イスラム国」とコンタクトを取っていた若い女性の例が米国の「ニューヨーク・タイムズ」にスクープされた（２０１５年6月27日付）。同記事は、「イスラム国」がツイッターやスカイプ等を通じていかにして米国人の若い女性をリクルートしようとしたか、その巧みな手口を見事に暴いている。極めて興味深いので、ここにその概要を紹介する。

〈資料〉ニューヨーク・タイムズ、２０１５年6月27日付の記事より

キリスト教会の日曜学校の教員で、ベビーシッターのアルバイトもしていた当時23歳の米国人女性が、ツイッターである男たちと知り合った。生後間もない時期に母親と死に別れ、祖父母と暮らす生活の中で、彼女は常に孤独感に苛《さいな》まれていた。オンラインを通じて知り合った新しい友人らと楽しい気分でやり取りを始めていたが、男たちは、彼女に対して、イスラムとはどういうものか、そしてイスラムが素晴らしい信仰であることを説き始め、イスラムへの改宗を勧めるようになった。数か月後、彼女は彼らの言葉を信じ、イスラムへの改宗を決心した。リクルーターたちは、過激派組織「イスラム国」について説明し始め、シリアとイラクで神が創った法（シャリーア[64]）に基づく神聖な祖国を建設したグループだと主張した。リクルーターの中で、ファイサルという男が彼女の担当になったようで、ファイサルは、毎日何時間もツイッター、スカイプ、Eメールで彼女と連絡を続け、彼女にイスラム信仰の基本を説き、信仰そのものを理解できるよう熱を込めて説明した。しかし、ファイサルは、彼女に対し、「米国ではイスラム教徒は弾圧されているので、彼女自身もテロリストの烙印《らくいん》を押されかねない」と警告し、ムスリムに改宗したことを肉親にも言わないようにと念を押し、さらに、居住地近くにあるモスクに礼拝に行くことも禁じていた。

彼女は、ファイサルに言われるままに二重生活を送るようになったが、次第

64 コーランと預言者ムハンマドの言行（スンナ）を法源とする法律

にキリスト教からは遠ざかるようになり、代わりに「イスラム国」の国歌を楽しそうに口ずさむようになっていた。日々夢見るのは、「イスラム国」の兵士と共に暮らすことであった。

彼女は、キリスト教を裏切ったことには罪悪感を抱いていたものの、イスラムに改宗して新しい友人が大勢できたことに大きな喜びを感じていた。彼女の取り込みを担当していたグループは、数十のアカウントを駆使していた。何人かは「イスラム国」の正規のメンバーであり、その他、組織と直接繋がっているメンバー以外の者もおり、彼らは、半年以上にわたり、彼女との交信に何千時間という時間を費やした。また、リクルーターたちは、彼女に現金やチョコレートなどの贈り物を複数回送っている。リクルーターたちは、彼女の好奇心を満足させつつ、次第に「イスラム国」のテロリストとしての暴力的思想を受け入れさせ、一方で彼女の不安を鎮めていったのである。一般に、キリスト教徒であった者は、改宗後に特別のステップを踏む必要があるが、彼女の場合は、イスラム信仰への意識が高いと判断され、そのプロセスは割愛された。

リクルーターによる思想教育の手法は、まず、彼女が家族や地域コミュニティから孤立していると思い込ませ、そのことを常に強調することである。彼らは相手の弱点を発見し、そこを執拗に突いてくる。彼女の弱点は、祖父母と共に都市部から離れた農村部で暮らしているという孤独感であり、都会で人々と交わって暮らすことを強く望んでも、叶えられないことであった。彼女の実母は麻薬中毒者であり、更生中に施設内で死亡している。そのため、彼女は、生後わずか11か月で祖父母に預けられたが、母親のせいで胎児期アルコール症候群[65]を患っており、生まれてからは、発育不足で判断能力にも乏しいという障害を持っていた。大学の最終学年で中途退学し、週に2日ベビーシッターのアルバイトをし、さらに、週末にキリスト教会の日曜学校で子供たちを教え、合わせて月に300ドルの報酬を得ていた。

彼女は、「イスラム国」の兵士に首を切り落とされて殺害されたジェームス・フォーリー[66]氏のことも知らず、リクルーターたちが何者かも知らなかった。しかし、ナイフの前にひざまずく若い男、その男の喉が掻き切られる映像をリクルーターに見せられた時、彼女の目はその悲惨な画像に釘付けになり、そして恐怖に打ちひしがれた。彼女は、さらに実情を知りたいとツイッターにログインする。「イスラム国」が何をしている組織か知っている人はいないかと。「イスラム国」の行為に納得している者はいるのかと。間もなく、彼女は「イスラム国」が何なのか容易に理解することができた。彼女を再び衝撃が襲う。彼女に接触しているリクルーターたちが、「イスラム国」のメンバーで

65 妊娠中の母親の習慣的なアルコール摂取によって生じていると考えられている先天性疾患のひとつ（Center for Deseases Control and Prevention Report）

66 過激組織「イスラム国」の人質となり処刑された米ジャーナリスト（The Wall Street Journal 2014.8.22-）http://jp.wsj.com/articles/SB1000142405297020340370458006471029220174

あると名乗ったのだ。彼らは、時間をかけ、丁寧に彼女の質問に答え始めた。リクルーターたちは、彼女を誠実で純粋な人物と見ていて、非常に親切にしてくれた。彼女に家族のこと、出身地、自分の人生でしたいことなどを矢継ぎ早に質問してきた。彼女が後にツイートするようになった男は、モンゼール・ハマドと名乗り、自分は「イスラム国」の戦士でシリアの首都ダマスカスに滞在していると打ち明けた。その直後から、ふたりは毎日何時間もチャットをするようになった。彼らのチャットでのやりとりは、笑いに満ちた楽しいもののようだった。事実、チャットの文面に、感嘆符付きの「大声で笑い」というような書き込みが続いていた。モンゼール・ハマドは、「私が言ったイスラムのことを考えてくれたかい？」と尋ねる。こうしたリクルートのプロセスは、全て「イスラム国」のマニュアル、「リクルート技術の手順」に書かれている。これのマニュアルでは、リクルートの対象者の気を逸らさないよう頻繁に連絡し、できる限り多くの時間を費やせと指示している。さらに、リクルーターは、対象者の言い分を注意深く聞き、相手の喜びと悲しみを共有し、人間関係を深めるようにも指示している。

リクルートの初段階では、イスラムの基本、宗教の催事などを集中的に教え込み、決してジハードについて言及してはならないとしている。ハマドは、彼女にイスラムのアプリケーションをアイフォンにダウンロードさせ、彼女に「ハディース」（イスラムの伝承[67]）と、予言者ムハンマドの名言集を勉強させている。

　この頃の彼女のアイフォンは、受信のために一日中振動していた。

　しかし、フォーリー氏の殺害場面を見てからというもの、彼女の質問は、ジハーディストが人質の首を切り落とすことにどういう正当性があるのかという内容に集中していた。彼女は、既に「イスラム国」の残虐性を知って、「イスラム国」に対する不信感を強めていた。リクルーターたちが言っていることは真実ではないとの確信を持つようになっていた。こうした彼女のネガティブな反応に気付いたハマドは、彼女に再度コーランを読むよう勧めている。キリストについては、預言者として崇《あが》められるべき人物ではあるが、神ではないと強調するなど、彼女の引き止めに躍起になったが、彼女の気持ちは揺れていた。ハマドの後に女性ムスリムがコンタクトしてきて、彼女に２００ドル相当のイスラムの書籍を送ってきた。この中には、英語で書かれたコーランも含まれていた。11月になり、次に彼女の前に現れたのは、英国のマサチューセッツに住む英国人ムスリムのファイサル・モスタファであった。ファイサルは、彼女をリクルートする過程で最も影響力を発揮した人物であった。ファイサルは、

67　「イスラム伝承集成」。預言者ムハンマド自身の語りとその行いに関する伝聞の集成。コーランに次ぐイスラムの根本文献

68　イスラム教で礼拝の前に体の一部を水で洗う清めの行為のこと（Weblio）

彼女のEメール・アドレスとスカイプのIDを聞き出し、直後にチャットを始めた。ファイサルは、ムスリムの慣習に従い、スカイプのカメラを切って話をするなど、ムスリムとして非常に丁寧な態度で彼女に接してきた。ファイサルが連絡を寄越すのは、米国西海岸標準時の午後3時頃であり、ふたりはそれから毎日何時間も話し続け、会話は午後10時頃まで続くこともあった。英国の標準時で見ると、ファイサルは午後11時頃から翌朝6時頃まで彼女と話し続けたことになる。ファイサルは、彼女のために毎晩夜通し話していたのである。ファイサルは、毎日彼女のために教材を用意し、まず、基本的な祈りから始めた。祈りの前に行う身を清める儀式[68]（Wudhu）を毎日5回の祈りの前に必ず行うよう、また、祈りの際は額を床につけて心を込めて祈るという作法も教えた。

彼女は、大学を中退した後、1年間デイケア・センターで働いたが、上司との折り合いが悪く、退職した。その後もひとつの仕事に定着することはなかった。彼女が、いわば漂流生活をし、孤独に悩んでいる時、オンラインによる新たな友達との会話が始まった。これは、彼女の意識を目覚めさせるような瞬間であった。オンラインでの会話は、ほとんどが他愛のない冗談めいたものであり、例えば、庭いじりについての話や、ダイエットのアドバイスなどであった。しかし、時には、ムスリムの厳しく妥協のない暮らしについて話が及ぶこともあった。

12月のクリスマスが近づく頃には、彼女は、ついに一線を越えたという感覚になっていた。彼女は、ファイサルに、イスラムに改宗するにはどうすれば良いかと尋ねた。ファイサルは、ふたりのイスラム教徒の同席の下、完全に神を信じ、神への献身の気持ちを持って「信仰告白」[69]（シャハーダ）のフレーズを繰り返し唱えることを教えた。彼女は、身の回りにイスラム教徒の知り合いがいないため、証人ふたりを同席させられないと言ったところ、ファイサルは、ツイッターで信仰告白をすれば、それを最初に見たムスリムふたりが証人になることができると説明し、彼女を安心させた。12月28日の夜、彼女はテレビを見ていた家族の部屋から出てそっとドアを閉め、自分の部屋のベッドに座った。彼女の横には本棚があり、そこに十字架が掛けられている。彼女はしばらくの間、吐きそうな気分だった。午後9時を回った頃、彼女はツイッターにログインした。

ファイサルは、即座に彼女の信仰告白を承認し、またもうひとりのオンライン上の友人も同様に証人になってくれた。彼女は晴れてイスラム教徒となった。数時間もしないうちに、彼女のツイッターのフォロワーの数は倍になった。

69 シャハーダ「アッラーフ（神）の他に神はなし。ムハンマドはアッラーフの使徒である」とアラビア語で唱えること

70 エルトン・シンプソン、ナディル・スーフィ両容疑者が米テキサス州ガーランドで開かれたイスラム教預言者ムハンマドの風刺画イベントの会場前で発砲し、警官に撃たれて死亡した事件（CNN 2015.5.5）

71 英国で郵便事業を営む企業、ロイヤルメール・ホールディングス公開有限会社

彼女は、寝る前に兄弟姉妹が大勢できた喜びを投稿している。数か月後、彼女の信仰告白の2番目の証人となったハリー・シェイクが世間の注目を浴びるようになっていた。彼のアカウントが、短期間エルトン・シンプソン[70]と交流していたということで世間の知るところとなった。シンプソンは、テキサスで開かれたイスラムの預言者ムハンマドの風刺画コンテストの会場で銃を乱射し、共犯者と共に警察官に射殺されたが、同人は、この攻撃で「イスラム国」への忠誠心を表現したのであった。

1月になると、彼女宛に英国のファイサルから小荷物が届くようになった。小荷物の中身は、パステルカラーのヘジャブ（ムスリムの女性が頭髪を覆うショール）、緑色の礼拝用カーペット、書籍類であり、箱には、英国の「ロイヤル・メール」社[71]のロゴとファイサルの英国の住所が記されていた。これらは、彼女がより厳格なイスラムになったことを意味しており、彼女の意識をさらに高めるためのものである。彼女は、興奮の面持ちでこれらの小包を受けとったが、中身を見ると、彼女が身近に感じるものではなく、むしろばかばかしくさえ思えるものばかりだった。例えば、女性のマニキュアを禁じる文面があったが、その理由は、礼拝前に身を清めるウドゥを行う際に、清めの水が爪の表面に届かないということで、これが組織の決まりだと主張しているのである。中にあったパンフレットでは、イスラムの最も極端な解釈を並べたてており、「女性の権利と義務」という、さらに古典的な考えに固執した規則を示していた。これは、一夫多妻制を盲目的に受け入れること、女性の財産相続の権利を男性の2分の1とすることへの同意などをイスラムの女性たちに強いている冊子である。ファイサルが彼女に送った小荷物には、リンツ（Lindz）のチョコバーも含まれていた。彼女は、ファイサルがこのチョコ・ブランドに特別な意味を持たせていることについて、ファイサル自身が説明していたことを語っている。すなわち、オーストラリアのシドニーにある「リンツ・ショコラ・カフェ[72]」は、2014年12月、「イスラム国」の戦士を名乗る男が、従業員と買い物客を人質に取り、16時間にわたって警察と対峙した場所である。

彼女は、他のツイッター利用者に強く要請され、「イスラム国」というカリフ国を立ち上げ、自らをカリフと名乗ったアブ・バクル・アル・バグダディの伝記にざっと目を通している。1月末までに、彼女は自分の生活を、キリスト教とイスラム教とに2分割し、ファイサルの忠告に従って可能な限り目立たないように暮らしていた。そのほか、自分のヘジャブをトラックの後部席にしまい込み、家から離れたところで取り出し、自分の赤毛の縮れ毛を覆っていた。教会に行く日は、彼女にとってしんどい日々であった。引き続き日曜学校を

72　2014年12月15～16日にかけて、オーストラリア・シドニー中心業務地区・マーティン・プレイスで起きた人質立て籠もり事件

担当しており、その準備もきちんと行った。リクルーターに言われた通りにした。周りに不審と思われることは最も避けなければならない。教会の信者の席に座り、他の信者と共に深く頭を下げた。しかし、彼女の心の中には、違う祈りがあった。

彼女の改宗を知っているのは、彼女の従姉妹だけであった。従姉妹は、彼女の考えを知って面白半分にからかうようになった。ふたりはダラー・ストア（1ドルショップ）に行き、トイレの吸引器を2本買った。ふたりは、公園ではスカーフを頭に巻き、ゲーム機で空想の剣で遊んだ。ある日、彼女の祖母が、外国から頻繁に小荷物が来るのを不審に思い、彼女に尋ねたところ、彼女は即座に荷物の送り先を従姉妹の家へと変更した。しかし、彼女は、自分の家族に嘘を言っていることに苦痛を感じるようになっていった。彼女の秘密がどんどん膨れ上がるにつれ、彼女の孤独感もさらに増すようになった。

影響力を持つイスラムの知識人で、長年にわたって過激派組織のためにリクルート活動に従事してきたある人物は、「孤独感というものは、意図的に創り出すものである。我々は、孤独な者を対象者として探し出すが、彼らが既に孤独でないとわかったら、我々はその者を孤独にさせるのである」と、過激派の手の内を明かしている。

彼女がイスラムに改宗してから数週間が経っても、彼女は実生活でイスラム教徒にめぐり会うことはなかった。インターネットで家の近くにモスクがあることがわかった時、そのことをファイサルに言ってみたが、彼は、同モスクの運営委員会が出している文書で「イスラム国」を否定していることを知り、彼女にはそのモスクに近づかないよう説得した。ファイサルは、「そこは政府が監視下に置いているモスクだ」とその理由を述べた。

2月初旬、多くのツイッター利用者が、そろそろ彼女がイスラム過激派に取り込まれてしまったのではないかと見ていた。彼女自身が既に過激化しているとの認識も持ち始めていた。そこで彼らは、彼女を救い出すために、ネットの大海に命綱を投げ込んできたのであった。ツイッター仲間のアディラという女性が「彼らがあなたに優しくしていることはよくわかっている。でも彼らはあなたを洗脳しようとしている。もしあなたが彼らの所に行けば、あなたは死んでしまうか、状況は遙かに悪化してしまうでしょう」と警告のメッセージを入れてきた。彼女は、「彼らを無視することなんてできるのかしら？　私、昨晩から誓ったの。彼らとの関係を断つなんてできない。あの人たち、私に色々と物を送ってくれるし……」と返事を書いている。

2月13日、アディラは、「彼らから贈り物を受け取るのはやめにしなさい」

とさらに忠告してきた。これに対し、彼女も、ファイサルにはもう何も送らないよう伝えると返した。

しかし、その数日後、彼女の従姉妹の家に封筒が届き、中に、子猫の切り抜きが貼ってあるホールマークのカードとチョコレートが入っていた。さらに、20ドル札が2枚同封されており、「外に出掛けて一緒にピザでも食べましょう」と書かれ、「ツイッター友達より」とサインされていた。

彼女は、バレンタインデーをベッドで丸まって過ごした。手にはアイフォンを握り、「イスラム国」の支援者と自爆テロの正当性やその理論についてディスカッションしていた。彼女は、相手の本名も、どんな容姿かもわからない。プロファイルの写真はライオンが咆《ほ》えているものであった。彼のツイッターのアカウントは「@SurgeonOfDeath」である。

2月中旬になると、彼女のオンラインのコミュニティは、彼女により多くの要求を突きつけるようになった。リクルーターたちは、非イスラム、または不信心者が創ったソーシャル・メディアで、大勢の人々に媚《こび》を売ってはならず、さらに、良きムスリムであるためには、ツイッターのフォロワーたちとの交流を止める必要があるとした。彼女は、キリスト教徒の友達の何人かとは引き続きツイートしていたが、それも容認されなくなってしまった。2月16日、「イスラム国」をあからさまに支持していると思われるツイッターの利用者が、彼女をスパイではないかと言い始めたのである。彼女がこれまで友達だと思っていた人たちが、急に彼女を拒絶し始めた。もし、数日前にでも彼女が説明し、誤解を解いていたなら大きな問題にはならなかったものを、今となっては、彼女は、彼らが自分から離れないよう、ひたすら懇願するしかなかった。彼女は、自分が書いたメッセージを検証するという人々にツイッターのパスワードを提供した。彼女は、自分を疑っている人たちに、「何人かの人たちが私をスパイだと思い込んでいるようだが、正直言ってそのようなことはない。私は昨年の12月28日からムスリムになり、ツイッターを通じてシャハーダ（信仰告白）も行った。私は完全にムスリムであり、神が私を救ってくれると確信している」と訴えた。ここで彼女のために周囲を説得し、彼女を苦境から救ってくれたのはファイサルだった。

彼は、「@InviteToIslam」というアカウントの管理者に彼女を紹介した。中東メディア研究所（ワシントンを拠点とするジハーディストのプロパガンダをモニターする組織）によれば、このアカウントは、英国のバーミンガムに本部を構えるイスラム過激派組織が使用しているアカウントだということであった。同組織は、日常的に「イスラム国」の戦士と連絡を取っており、また、報道によれば、同管理者は、同年初め、「イスラム国」に参加しようとシリアに向かった15歳の英国人少女の過激化に関与したということで、当局に訴追されていた。「@InviteToIslam」の管理者は、彼女がスカイプを使って疑いを晴らすよう取り計らってくれた。彼女のオンライン上のやりとりに関する徹底的な尋問の末、また、彼女の熱心さも手伝って、彼女への疑いは晴れた。苦しい試練が終わった3日後、ファイサルは、「あなたは美しい性質の素晴らしい人だ。あらゆる点で、あなたは、生まれながらのムスリムと言われる人たちよりもはるかに素晴らしい」と讃えるメッセージを彼女に送っている。さらに、ファイサルは、「これであなたはふたりのムスリムと結婚しても問題はない。神の思し召しのままに！」と付け加えている。

それから数日経ったある日、ファイサルは、彼女に対し、いきなり、「あなたが結婚するに相応しい人がいる。外見はそれほど良くなく、45歳で頭も禿げているが素晴らしいムスリムだ」と言ってきた。ふたりは、数時間にわたってスカイプで話し合った末、ファイサルは、「不信心者の中で暮らすことは信仰上の罪だ」と言い始め、次第に彼女にイスラムの国に行くよう説得し始めた。ファイサルは、イスラムの国をシリアとは言っていないが、彼女は彼の言わんとすることが理解できたと後に述べている。

その時点で彼女は、「イスラム国」における自分の役割は、戦士の母になることだとおぼろげながら感じ始めていた。「ワシントン（州）の田舎町でとらえどころのない苦痛にまみれた生活で一生を終わるのか、ここでは、何年も前に自分の心の痛手となった人とのしがらみも終わっている。ならば……」

2月19日、ファイサルは、彼女にオーストリアで会おうと言ってきた。そこで未来の夫を紹介するとのことであった。ムスリムとなった彼女は、旅行するのであれば男性の親類（マハラム）[73]を伴わなくてはならない。彼女には11歳の弟がいるが、彼にその役割が果たせるかとファイサルに尋ねた。答はOKであった。

彼女のツイッター仲間からグリーティング・カードが届いた。その2日後、ファイサルが、「いつ、どうやって幼い弟と一緒にオーストリアに来るのか？」と聞いてきた。さらに、2月21日、ファサルがメッセージを寄越し、「オーストリアまでの往復航空券2枚は高くはない。神の思し召しだ。ふたりが4日間休みを取れればチケットは自分が買う」と言ってきた。さらにその3分後、ファイサルは、「ふたりが出掛けるまでどのくらい日がかかるか？」と再び聞いてきた。彼女が、ファイサルの話し方を聞いて、「誰か他の女とも同じことを話しているのではないか」と疑い始めたのは、そのあたりからであった。

73　マハラムとしての男性は夫以外では、父親、兄弟、叔父、思春期に達した息子や甥など彼女にとってその近親関係から結婚が永久的に禁じられている男性（Yahoo）

74　Green Crescent Trust はパキスタン・シンド州を拠点とするNGO。1995年設立。地域の文盲率の高さを問題視した市民らにより貧しい人々に教育を提供している

75　ヘキサメチレントリペルオキシドジアミン。有機過酸化物の一種。高性能爆薬として使用される

ファイサルも彼女の疑いを察していたが、無視していた。「私の妻は私と元気に暮らしていると言っている。私のツイッター仲間の女性たちも、私が彼女らと一緒にシリアに逃げ出さない限り大丈夫だ」と笑っていた。その時、彼女は、ふと彼の名前をグーグルで検索してみようと考え付いた。

検索結果は何ページにもわたった。ファイサル・モスタファという男の名前は、彼女に届けられた荷物の住所に書かれた英国の番地と同じ地名で見つかった。彼は、「グリーン・クレッセント」[74]と呼ばれるイスラムの慈善団体を運営していることがわかった。元はバングラデシュからの移民で、年齢50歳代、結婚して子供もいる。裁判記録によれば、1995年、警察がファイサル・モスタファの家を捜索し、武器、弾薬、ショットガンの実包、タイマーと爆弾を発見したとのことである。当初、テロ攻撃の陰謀罪で訴追されたが、所持していた爆発物が、彼のマンチェスター工芸大学での博士論文のための研究材料で、ブリキ缶内の腐食実験用であったとの結論に至り、結局、武器の不法所持のみで4年の判決を受けるに留まっている。

また、ファイサルは、2000年、他のバングラデシュ移民の男と共に逮捕されている。逮捕は2度目である。ニュース報道によれば、逮捕されたふたりが会ったビルの外にゴミ袋が置かれており、その中に少量のHMTD爆薬[75]、ビニール手袋、台所用の台秤が入っていた。また、ファイサル・モスタファのコンピュータには、「ムジャヒディン・爆弾ハンドブック」[76]と題する文書ファイルも保存されていた。ファイサルと同時に起訴された男は、大規模爆弾テロを計画した容疑で20年の判決を受けたが、ファイサル自身は無罪となっている。

２００９年3月29日、ファイサル・モスタファは、彼の慈善組織が運営する児童養護施設を警察が家宅捜索した後、母国バングラデシュへの逃亡中に逮捕された。裁判記録によれば、捜査員は、捜索で爆発物とジハーディスト文献の書籍を発見し、さらに、ファイサルが爆弾製造工場を運営していたことを調べ上げていた。また、これらの証拠と本人の供述により、ファイサル・モスタファと他の11人が、施設の子供たちを、将来のテロリストに仕立て上げようと計画し、その青写真を描いていたことが、公判が進むにつれ次々に判明したという。同人は、バングラデシュで1年間拘留された後、２０１０年に英国に身柄を送還された。

一方、彼女は、ファイサルにおずおずと監獄時代のことを尋ねたが、彼の過去を詮索したことについては詫びた。ファイサルは、自分が監獄にいたことを認めたものの、自分がムスリムであるが故の、警察による不当な嫌がらせだったと主張していた。また、ファイサルは、収監中に拷問を受けたとも語ってい

76　国際的ジハーディストによる破壊活動、殺人などの手法を広く普及させるための爆弾マニュアル（World Daily Net.com）http://www.freerepublic.com/focus/f-news/1225604/posts

た。

　後に、記者が、スカイプ、Ｅメール、さらには、彼女に小荷物を送付した際に使われた住所に宛てて手紙を書くなどし、何度もファイサルのコメントを得ようと働き掛けたが、結局うまくいかなかった。

　彼女の祖母は、しばしば夜明け前に目が覚める。そのため、自分の孫娘が毎晩ほとんど寝ていないことに気づいていた。彼女が、暗闇でタブレット・コンピュータを見つめ、その画面の光でようやく彼女の顔が見える。彼女と家族は常に言い争いをするようになり、３月になると、家族は、夜の間、彼女のコンピュータとアイフォンを取り上げることにした。そこで彼女は、友達から電話を借り、隠れて交信をするようになった。

　３月末のある晴れた朝、彼女の祖母は、彼女を「イスラム国」に引き込もうとしている男と対決する決心を固めた。家族がリビング・ルームのソファーに集まり、ガラスのコーヒーテーブルに彼女のコンピュータを載せた。祖母は彼女のスカイプのＩＤを使ってログインした。その場には、「タイムズ」の記者とビデオカメラマンが同席していた。スカイプで何度も交信を試みたが応答はなかった。一時間ほど続けた後にようやくファイサルから返事が来た。「こんにちは、聞こえますか？」彼女の祖母は自分の名前を言い、「聞こえます」と答えた。途端にファイサルは交信を遮断した。ファイサルへのメッセージを打ち込みつつも、どうしたものか結論が出ない。24年間彼女をクリスチャンとして育ててきたこと、洗脳などしないでほしいこと、などをメッセージとして書き込んだ。数分後、ファイサルが反応してきた。ファイサルは、「皆さんが私たちを過激なイスラム教徒と考えていることはわかっている。フォックス・テレビのニュースなど信じないで下さい」と書いてきた。彼の文章はミスが多く、読みにくい。「我々もテロリズムには同意できない。私が言っていることで彼女を傷つけるわけでも、不法なことをしているわけでもない」とファイサル。祖母は、「孫をオーストリアに行かせるために航空券を送ってきて、年をとった禿げ頭の男と結婚させることも、何ら説明がないではないか」と。これに対し、ファイサルは、「結婚のことは冗談だ」と言い、今後、二度と彼女とコンタクトを取ることはないと言ってきた。

彼女は、自分のツイッターとEメールのパスワードを家族に渡した。祖母は、彼女がこれらを使用しないように、すべてを廃棄または変更してしまった。

彼女の家族がFBIに通報し、やがて、捜査官が家にやってきて彼女の通信記録をダウンロードしていった。この件について、FBIワシントン州本部の捜査官は、事件の詳細をあまり語ろうとはしない。後にFBIから家族に届いたEメールには、「彼女がどのような危険にさらされていようと、誰も彼女が拘束されるのを見たくはないだろう。彼女は、まさに、その危険に極めて近いところまで接近していた」と書かれていた。しかし、FBI捜査官は、彼女が詳しく話を聞かれ、尋問されていることを認めた。さらに、「FBIの最終目標は、彼女だけでなく、この国の住民全ての安全を守ることだ」と言及している。

ファイサルとのオンラインによるやり取りがひと段落した後、彼女と祖父母は、RV車で待ち望んだバケーションへと旅立った。

彼女は、しかし、オンライン上の友人と長期間交信しないでいることもできないと自分でわかっていた。たとえ彼を信じられなくなった今でも、楽しかったあの頃を考えると寂しい気がした。風が吹きすさぶワシントンの海岸で潮干狩りをしている祖父母を待つ間、彼女はスカイプにログインした。家族がひとつだけ消去し忘れたアカウントが残っていたのである。

即座にファイサルから反応があり、その後もふたりはメッセージの交換を続けている。「もう君には連絡しないと言ったはずだ。でもそれは嘘だヨ」

「こうした、一般の若いキリスト教徒にオンラインで接近し、イスラムに改宗

「A」と同居する祖父母
リクルートの最終段階でリクルーターとネットで対決。
孫娘のシリア行きを阻止。

FBIが捜査に乗り出す

一般のツイッター仲間
「A」の変化に気付き、リクルーターとの決別をアドバイス。

ツイッター、スカイプ、Eメール等で交信

「A」に対し、英国から頻繁に小包（ヘジャブ、礼拝用絨毯、イスラム書籍等）を送るようになる。「A」の祖父母はこの頃から孫娘の異変に気付く。

ファイサル・モスタファ
（英国在住のバングラデシュ移民）
「A」のリクルート責任者。ツイッター、スカイプ、Eメールで毎日7～8時間「A」と連絡。数か月後、「A」をイスラムに改宗させた（ツイッター上で信仰告白）。「A」に中年のイスラム教徒との結婚を強く勧め、オーストリアに来るよう要請。

「A」には近郊のモスクでの礼拝と地域のイスラム教徒との交流を禁じた。

「A」が、PCでファイサル・モスタファを検索した結果、同人はテロ関与の容疑で2回逮捕歴があることが判明。

〈2016年6月27日付「ニューヨーク・タイムズ」の記事内容を分析〉

「イスラム国」による西洋人を標的としたリクルートの実例

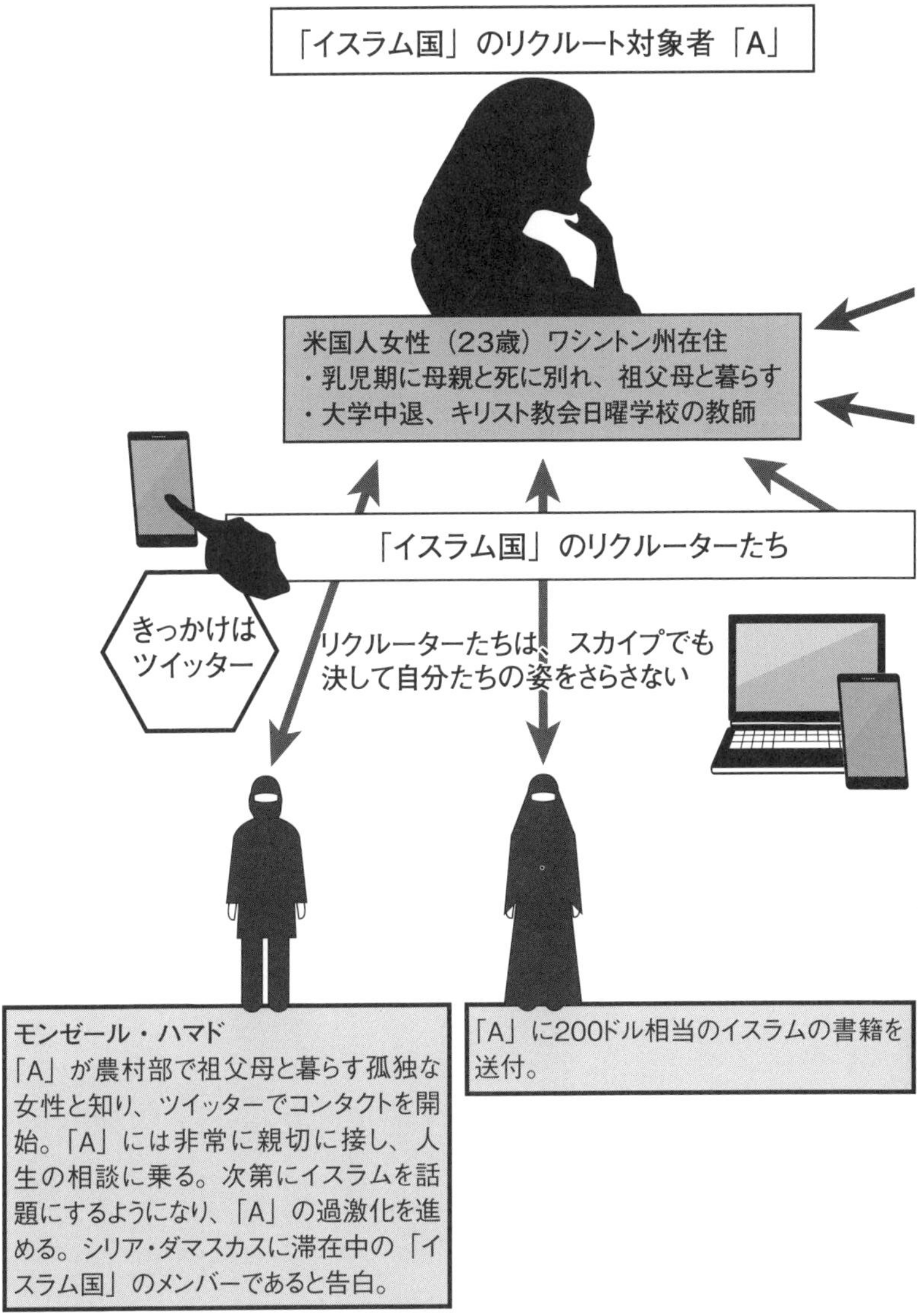

させ、さらには、過激組織の「イスラム国」に引き込み、過激化するという手口のメカニズムは徐々に解明されつつある。西側の情報機関も、イスラム過激派のリクルーターの中に情報提供者を設定し、内部情報が得られるようになっているともいわれている。

第2章　9・11米国同時多発テロを防ぐ手立てはなかったのか？

1 世界最強の情報機能を持つ米国の隘路

あの日、テレビゲームを見ているような映像に世界中の目が釘付けになっていた。未曾有のテロ事件、9・11米国同時多発テロが起きた瞬間だった。日本の標準時と米国の東部時間は、半日プラス1〜2時間の時差がある。日本ではすでに夜のとばりが訪れていたが、ニューヨークの朝は青空だった。そんな爽やかな日にこのようなテロが起きると、誰が予想したであろうか？　乗員乗客を乗せたままの旅客機を標的のビルに突っ込ませるなんて、誰が考え出したのか？　しかも、同時に4機（うち1機はペンシルベニア州に墜落[1]）も。

この事件では、テロリストの執念と憎悪の激しさを思い知らされたが、「タラ・レバ」はこの世界では通用しないと知りつつも、こうしたら9・11は防げたかもしれないと思っている治安・情報機関関係者は少なくないと思われる。あの惨劇から既に15年以上が経過したが、それ以降、世界中のテロ対策担当者が英知を結集し、テロ対策に計り知れないエネルギーを投入してきたこともあ

1　2001年に発生し米国同時多発テロ事件でハイジャックされた国内線のUA93便はテロリストと乗客が争い、ペンシルベニア州に墜落した。乗員・乗客全員死亡

2　イスラムの神「アッラーフ」

3　ビン・ラディンは、米国政府による大規模な捜索にもかかわらず、拘束されずに10年近くが経過したが、2011年5月2日、パキスタン・アボタバードにおいてアメリカ軍により殺害された

4　KSM。パキスタン人。甥のラムジ・ユセフと共にボジンカ計画を立案。KSMは後にハイジャックした航空機で標的に突っ込むという9・11テロを発案（著者注）

5　「9・11調査報告書」20人目のハイジャッカーといわれるモロッコ系フランス人ザカリアス・ムサウィは、事件の約1か月前の2001年8月逮捕

り、9・11と同規模のテロは起きていない。この15年間、それでもテロリストの策謀が勝って様々な形態のテロ事件が起きているが、基本的には、テロリストの企みは、9・11当時と比べて大きく封じ込まれていることは確かであろう。ここに至るまで、テロリストと治安・情報機関のせめぎ合いには想像を絶するものがあった。テロリストが、国家という巨大な対象に対して敢然と立ち向かってくるのは、それなりの理由があるからであり、彼らの神[2]を引っ張り出してまで報復しなければならないほど、言いしれない恨みと屈辱を味わわされていると信じ込んでいるからであろう。

9・11テロを引き起こしたアルカイダは、既存の単体のテロ組織とは様相を異にする、いわゆるネットワーク型のテロリスト集団であった。ゆるやかな繋がりで、忠誠を誓う配下の組織には自由にテロを行わせる。したがって、最高指導者のオサマ・ビン・ラディン（2011年5月、パキスタンのアボッタバードで米軍特殊部隊に殺害された）[3]は、細かいテロの指示を出さないものの、功を競う戦士たちが自ら企画し、実行に及んだというパターンが多い。実は、9・11テロも、当初はアウトサイダーだったといわれるハリド・シェイク・モハメド[4]が企画し、この企画に基づいてモハメド・アタら19人のテロリスト（当初は20人との情報もある）[5]が選抜されたと考えられている。米国議会の同時多発テロ事件に関する独立調査委員会による「9・11調査報告書」が、事件から3年経った2004年7月に発行され、物議を醸したが、同報告書では、9・11テロの失敗を真摯に反省し、将来二度と同様のテロを起こさせないとの強い決意が文面ににじみ出ていた。

2 クアラルンプールでのアルカイダの秘密ミーティング

9・11テロを語る上で、どうしても触れなくてはならない会議がある。2000年1月5日から同8日までの間、クアラルンプールのソン・ガイ・ロン地区にあるコンドミニアムで開かれた、いわゆる「クアラルンプール・アルカイダ・サミット[6]」である。公開されている2008年のグアンタナモ・ファイルによれば、9・11事件を企画・立案したアルカイダのハリド・シェイク・モハメドが、同コンドミニアムに1週間滞在し、同会議に参加（捜査機関は同人の会議参加を確認していないが、2003年8月にタイで逮捕されたジェマー・イスラミアのハンバリ[7]は、ハリド・シェイク・モハメドも参加した

6 「9・11調査報告書」151、266p

7 1986年頃にアフガニスタンでの軍事訓練に参加した後「アルカイダ」との関係を築き、JIでは「アルカイダ」との連絡役を務めていたとされる（公安調査庁『国際テロリズム要覧2016』）

8 2000年1月米国ロサンジェルスから入国。9・11事件ではAA77便に乗りペンタゴンに突入

9 アル・ハズミと共に2000年1月米国に入国。ハイジャックした航空機も同じAA77

10 「9・11調査報告書」Yazid Sfaat Malaysian; member of Jemaah Islamiya 437p

11 オサマ・ビン・ラディンの腹心。ビン・ラディンのボディ・ガードを務めていた。9・11テロの要員にも選ばれたが、米国へのビザが下りなかったために

と供述）すると同時に、9・11事件で旅客機をハイジャックした19人のうちのふたり、ナワフ・アル・ハズミ[8]とハリド・アル・ミダール[9]と会い、彼らの米国入国直前に何らかの指示を与えたとみられている。会場となったコンドミニアムは、元マレーシア陸軍大尉のヤジド・スファアト[10]の所有物であり、クアラルンプール郊外のゴルフ場施設の中にある。ヤジド・スファアトは、生物兵器の専門家といわれ、アルカイダでは、生物・化学兵器の担当であった。同人は、2001年6月にアフガニスタンに行き、同年末にマレーシアに帰国したが、その際マレーシア警察に逮捕されている（2008年に釈放）。

なお、マレーシアの特別警察（Special Branch）が、CIAに依頼されて撮影したビデオの画像によれば、同会議の出席者は、ハリド・シェイク・モハメド、ナワフ・アル・ハズミ、ハリド・アル・ミダール、カラド・ビン・アタシュ[11]、アブダル・ラヒム・アルナシリ[12]、ハンバリ[13]、ヤジド・スファアト、ラムジ・ビナルシブ[14]、アブ・バラ・アルタイジ[15]ほか、ナワフ・アル・ハズミの弟サレム・アル・ハズミも参加していた。しかし、ビデオは、会議が始まった1月5日分しか撮影されていなかったため、このほかにも出席者がいた可能性がある。CIAが同会議に先駆けて入手していた情報によれば、会場に入ったのは11人であった。

渡米を断念

12 アルカイダのトップクラスの野戦司令官。1998年の東アフリカの米国大使館同時爆破テロに関与。同人の従弟は同テロ事件で殉教

13 本名はリドゥアン・イサムディン。ジェマー・イスラミアとアルカイダの橋渡し役

14 9・11事件の20番目のテロリストとして志願し、承認されていたが、同人も米国へのビザが下りなかった。治安機関は同人の写真を入手していたが、人物特定は9・11以降まで判明せず

15 別名ゾハイル・モハメド・サイド。イエメン人。2002年2月、パキスタンで逮捕され、その後グアンタナモ収容所に送られる。片足を失っており、義足をつけている

この他にも、同会議への出席は確認されていないが、この時期、会議参加者らと共に行動し、数々のテロ計画で重要な役割を果たしたとされる人物として、イエメン人のファハド・アル・クソ[16]の名が挙げられる。同人は、2000年10月の米駆逐艦コール爆破事件に関与し、また、同会議が開かれたころ、バンコクでビン・アタシュと会っていることが確認されている。同人は、2012年5月、イエメンで米国の無人機に爆撃され、死亡した。

また、同会議のテーマは、この年の10月にイエメンのアデン港で発生することになる米駆逐艦の爆破計画と、9・11テロに関する段取りであったといわれている。この会議の1週間後に9・11のハイジャック犯ふたりが米国入りしたが、この重要な情報が米国の各情報機関、捜査機関に共有されていなかったことが、後に大問題となった。共有されていれば、あの大惨事は防げたかもしれないが、後の祭りである。CIAは、このふたりに関してかなり詳細に動向を摑んでいた。アル・ミダールが同会議に出席するためクアラルンプールに向かう際にもしっかり同人を監視していたといわれる。

16　イエメン人。アルカイダのメンバーで2000年10月のUSSコール爆破に関与。2012年5月、イエメン南部シャブワ州で米軍無人機のミサイル攻撃で死亡

3 テロリストの米国入国の瞬間

同報告書によれば、9・11テロの実行犯の一部が最初に米国に入国したのは、事件の前年、2000年1月15日であったと記されている。その日、ロサンジェルス空港に降り立ったのは、ナワフ・アル・ハズミとハリド・アル・ミダールのふたりであった。このふたりは、翌年9月11日、アメリカン航空77便をハイジャックし、ペンタゴン（米国防総省）ビルに突入することになる。実はこのふたり、米国に乗り込む直前、マレーシア・クアラルンプールで開かれたアルカイダの秘密会議に出席し、米国に対する大規模テロの打ち合わせを行ったばかりであった。米国で複数の民間航空機による、かつてない大規模なテロを行うとの計画をメンバーに伝えた同秘密会議のオーガナイザーは、まさにこのテロを計画した張本人、ハリド・シェイク・モハメドであった。アル・ハズミとアル・ミダールは、会議の数日後、何の心の準備もなく米国に裸で乗り込んできたが、アルカイダの最高指導者であるオサマ・ビン・ラディンに対する忠誠心だけは人一倍あり、ビン・ラディンからも、米国本土に対する殉教攻撃の有力候補として、早い段階から承認されていたといわれる。さらに、ふたりは、テロリストとして過去の記録もないために、米国政府からは簡単に査証が交付されており、まずは、このふたりに米国入りの先鋒としての任務が与えられることになった。このふたりは、モハメド・アタ[17]をリーダーとするハンブルク・グループ（細胞[18]）とは違い、西側で生活した経験はほとんどなかった。英語さえも、決して十分ではなかったようである。したがって、彼らは、米国には知人もなかったため、サウジアラビアからの留学生として、地元のモスクに世話になる以外に方法はなかったようである（9・11テロ事件後の関係者への尋問では、米国内でのテロリストの支援者については、スリーパーとして様々なテロリストに支援を与えていたことが判明しており、実際、先に入国したふたりも現地のモスクで語学学校への入学やアパートの契約など、西海岸での生活面での支援を受けていたようであった。しかし、彼らの頭の中にあるテロ計画の標的は、米国の東海岸にあり、ふたりのその後の任務を考えると、わざわざ西海岸に上陸したのには、何らかの理由があったからに違いないのである。その真相はいまも明確に解明されていないが、それだけアルカイダという組織は巧妙であり、大事な工作員の秘すべき任務は絶対に知られないよう、事前の準備は万全に行われていたということであろう。

アル・ハズミとアル・ミダールのふたりは、まず、ロサンジェルス到着の直

17　第8章（5）欧州に存在したテロ細胞を参照

18　第8章（5）欧州に存在したテロ細胞を参照

19　パキスタンのバロチスタン州出身の両親のもとクウェートで生まれた。16歳でムスリム同胞団に参加、直後にパキスタンに移った。9・11テロを発案

20　「9・11調査報告書」アル・ハズミとアル・ミダールは南カリフォルニア・クルバー市にあるキング・ファハド・モスク及び周辺のイスラム・コミュニティから支援を受けた

後に南カリフォルニアの英語学校の入学手続きを済ませており、これで即座に航空学校に入学することも可能になったのである。彼らは、ロサンジェルスには2週間滞在し、その後サンディエゴに移動している。

米国でのテロ計画をアレンジし、テロリストたちの米国入国後の差配をしたハリド・シェイク・モハメド（2003年3月にパキスタン・ラワルピンディで逮捕され、その後キューバのグアンタナモ収容所に送られて厳しい尋問を受けたとされる）[19]の供述によれば、かつて、パキスタン・カラチのノミの市で入手したサンディエゴの電話帳で、現地の学校を自分で調べたとのことである。しかし、この供述は、ふたりをロサンジェルスの3つの語学学校に入学手続きさせたとする同人の説明とは明らかに矛盾している。すなわち、彼らは、米国西海岸におけるアルカイダの現地メンバー、あるいは、協力者の存在を秘匿したかったのであろう。米国への入国後、ふたりは、ロス近郊のカルバー・シティにある、地元では有名なキング・ファハド・モスクと[20]、その周辺のイスラム・コミュニティに世話になっており、実際にそこで何人かのムスリムと知り合いになったようである。9・11事件後にFBIのインタビューを受けた人物は、ふたりと最初に会ったのは、2000年初めで、場所はモスクだったと供述している。

後の捜査で判明したことは、キング・ファハド・モスクのファハド・アルスマイリーというイマームが、イスラム原理主義者として有名であり、厳格なワッハビズムを信仰していたとのことである。同モスクのイスラム過激派グループのリーダー格であったともいわれている。さらに、スマイリーは、1996年から2003年までの間、サウジアラビア政府から外交官としての信任を与えられており、サウジアラビアの領事職を務めていた。米国政府は、同人が9・11事件でテロリストを支援していた可能性があると見ていたようである。ただし、同人がアル・ハズミとアル・ミダールというふたりのテロ実行犯を支援したとの証拠は得られていない。

このサンディエゴでも、後にハイジャック犯となるふたりからテロ計画を事前に知り得る惜しいチャンスがあった。アル・ハズミとアル・ミダールは、ロサンジェルスに到着してから2週間後、サンディエゴに移動し、そこでアパートに暮らすようになった。彼らが2週間でロサンジェルスを出たのは、ロスには知り合いもいないし、英語もろくに話せない彼らにとっては生活しにくい場所であったからといわれる。ロサンジェルスのハラール・レストランで偶然出会ったオマル・アル・バイヨウミ[21]とカイサン・ビン・ドンというふたりの男が彼らと親しくなり、バイヨウミが勧めるままにふたりはサンディエゴに住むこ

21 「9・11調査報告書」ハイジャック犯と緊密な関係があったサウジアラビア人のオマル・アル・バイヨウミは同国政府の情報機関員だった可能性があると指摘

22 アデン・アブヤン・イスラム軍「イスラム国」が拠点を置く南部イエメンのイスラム過激派組織。2000年10月12日アデン港の米軍艦爆破で攻撃をリードしたのは、以前、「アデン・アブヤン・イスラム軍」として知られているサウジのテロリストネットワーク

とを決心した。彼らがハラール・ショップで出会ったのは、2000年2月1日のことであった。

バイヨウミは親切な男で、ふたりが住むアパートの面倒も見てくれるという。バイヨウミは車を持っており、ふたりが出入りしていたロサンジェルス郊外カルバー・シティのキング・ファハド・モスクに礼拝のために立ち寄ろうとしていた。なお、ハラール・レストランは同モスクからほど近い場所にある。

アル・ハズミとアル・ミダールのふたりがサンディエゴにやってきたのは、2月4日頃であり、彼らの世話人であるイエメン人のモフダル・アブドッラーという弱冠20歳の学生が車を運転し、サンディエゴまでやってきた。アブドッラーは、9・11事件後、ふたりがテロを起こす人間であると知りながら支援したことと、アルカイダと関係がある「アデン・アブヤン・イスラム軍」[22]のメンバーという容疑でFBIに逮捕・尋問され、その後監獄に送られている。アブドッラーは敬虔《けいけん》なイスラム教徒で、米国をひどく憎んでいた。イエメン時代の活動をみても、同人は明らかにアルカイダの支援者とみられている。FBIの尋問調書によれば、同人は、9・11事件の3週間前にはテロの計画が存在することを認識していたとのことである。

このことはさておき、問題はふたりがサンディエゴで契約したアパートである。アル・ミダールは途中でイエメンに里帰りしたりして、このアパートに長い期間は住んでいなかったが、アル・ハズミは、２０００年12月に米国東海岸に向かうまで同アパートに住んでいた。このあたりはイスラム教徒が多く居住しており、ＦＢＩに代表される米国の捜査機関や警察が、こうしたアパートやコンドミニアムの住人に関する情報を得るために情報提供者を設定しておくことはよくあるケースである。[23]このアパートにも、ＦＢＩ及び地元警察と関係を有している情報提供者がいたが、結局、このふたりは情報提供者に真の目的と素性を気付かれることがなく、残念ながら、テロリストまたは不審者の入国に関する報告がＦＢＩまたは警察に通報されることはなかった。

4　航空学校での不審事案

9・11事件の実行犯で最初に米国入りしたのは、前述のとおりアル・ハムザとアル・ミダールであったが、彼らは入国の直後に語学学校への入学手続きを済ませ、さらに、サンディエゴのソルビ飛行クラブ[24]（フライトスクール）にも

23　ＦＢＩは、ふたりが契約したアパートに不審者情報を提供してもらうための協力者を設定していた

24　Solbi Flying Club

25　ザカリアス・ムサウィ被告は、9・11テロ事件で唯一起訴された容疑者である。米国で航空学校に通っていた際に逮捕された

入校した。ソルビ飛行クラブでは、両名ともボーイング・ジェット旅客機の操縦を習いたいと申し入れたが、経験もない者に最初からボーイング機を習わせるところはない。したがって、彼らはしぶしぶ小型飛行機の操縦から受講を始めたが、同飛行学校の教官は、そんな彼らを訝《いぶか》しく思っていた。すなわち、彼らは、「離着陸の技術は必要なく、空中での操縦ができるだけでよい」[25]との発言を繰り返していたため、教官はふたりに不審感を覚えたと後に証言している。しかし、そのような不審を感じても、多忙な教官は、彼らのことを警察に届け出るわけでもなく、また、ふたりの成績が悪く、試験に合格しないままに免許の取得を諦め、学校にも来なくなってしまったために、そのまま忘れてしまったようである。９・11事件の主犯格であるモハメド・アタが飛行学校では優秀な成績を修め、飛行免許も早い時期に取得したのとは雲泥の差である。ハイジャック犯の中で、航空機操縦の免許取得まで至った者は６人であったといわれる。あるＦＢＩ捜査官は、こうした些細なことでも、彼らの不審な言動をキャッチしていたなら、場合によっては、テロの陰謀を事前に暴けたかもしれないと残念がっていたとされる。

また、米国連邦航空局（ＦＡＡ）は、９・11事件以前から、航空安全の強化をうたい、航空機、空港の警備・安全体制の改善に努め、何層にも及ぶ安全のためのシステムを構築し、たとえ1層目が瓦解しても次層以降で大事を食い止めるという方式をとっていた。同方式によるハイジャック対策は、情報、乗客の事前審査、チェックポイントでの審査、搭乗の際の審査と、万全とも思えるチェック体制を確立していたにもかかわらず、4機に乗り込んだ9・11のハイジャック犯を食い止めることができなかったのである。

ＦＡＡのインテリジェンス・ユニット[26]は、ＦＢＩ、ＣＩＡ、その他の政府機関から非常に多くの情報を受け取っているが、これらに基づいて、航空機テロの脅威に関する情報評価を的確に行うことは極めて困難な作業であった。当時、ＦＡＡのインテリジェンス・ユニットの職員は40人ほどであったが、他機関から寄せられる膨大な情報の中に、テロの謀議に関する情報が含まれていることはごく稀であり、ほとんどの場合は些細な情報であり関心を寄せる捜査官もあまりいなかったのではないだろうか。１９９８年にＦＢＩが収集した情報では、テロリストが飛行訓練を受ける可能性を指摘していたのであるが、２００１年にフェニックスの電信によるイスラム過激派に属する中東出身者が飛行学校で訓練を受けているという内容の情報があったにもかかわらず、ＦＡＡの本部には報告されていなかった。この件に関して、当時のＦＡＡ情報担当の捜査官は、「国内でのテロの脅威は、国外からの脅威のみに関心が向いて

26 FAA's intelligence unit did not receive much attention from the agency's leadership. http://www.worldhistory.biz/sundries/40739-lack-of-attention-to-the-faa-s-intelligence-unit-by-faa-senior-management.html

27 9・11テロ事件が発生した2001年9月11日には獄中にいた。2006年5月3日に陪審は仮釈放なしの終身刑を宣告した

28 逮捕は9・11テロのおよそ1か月前の2001年8月

いた当時、軽視され勝ちであり、結局これが重大なミスを犯す原因になった」と供述している。さらに、FAAの組織内で情報伝達のシステムが十分機能しておらず、FAAの管理者も、配下のインテリジェンス・ユニットから上がってくる重大なハイジャックの脅威に関する情報に気付かなかったのである。事前の脅威情報については軽視されがちで、実際に惨事が起きた後、または、特定のテロ計画に関する確たる情報がない限りは、本格的な行動を取りにくいという雰囲気が組織内に蔓延していたことも確かであろう。

一例だけ容疑者の逮捕に結びついた事例がある。それは、20人目のハイジャック犯といわれたモロッコ系フランス人のザカリアス・ムサウィ[27]に関する情報で、同人の航空学校での不自然な言動がきっかけとなり、同人がアフガニスタンのテロ訓練キャンプに参加していたこと、フランスでテロリストとして認定されていた人物であることをFBIが探知し、同人がモハメド・アタらと合流する前に逮捕することができた[28]。しかし、逮捕されたのは、2001年8月18日のことであり、同人から近日中に大がかりなハイジャック計画があることを引き出すことはできなかった。

5 大物テロリストとの接触

米国とイエメンの二重国籍を持つアンワル・アル・アウラキ[29]というテロリストが、米国で9・11テロの実行犯たちと会っている。アウラキは、当時、米国内の西海岸、東海岸のいくつかのモスクでイマームを務めており、その際、ハイジャック犯のひとり、アル・ハズミとサンディエゴのラバト・モスクで会見している。さらに、アウラキが、2001年1月にバージニア州に移り、ダラル・ヒジュラ・モスクでイマームを務めていた際も、アル・ハズミとアニ・ハンジュールがアウラキに会いに行っている。当時は、米捜査当局もアンワル・アル・アウラキをテロリストとは見ておらず、FBIは、9・11事件後に犯人の足取りを追う中でハイジャック犯と会ったことがあるアウラキにインタビューすることになった。このインタビューでは、アウラキがアル・ハズミに会ったことは判明したが、同人とハイジャック犯を結びつける情報は得られなかった。

アンワル・アル・アウラキは、多くのテロリストに影響を与えたイマームであり、同人の父親は、イエメン政府の閣僚にまでなった名家の出である。教育

29 アウラキは2011年9月30日、イエメン軍に追い詰められ、ほかの4人とともに死亡したという報道があったが、実際は米国無人機が発射したミサイルで殺害されたのである

30 アルカイダは2000年代に入ってから英語による宣伝活動、リクルートに力を入れるようになり、ネイティブを組織に引き入れている。アウラキは米国の大学まで出た完璧なネイティブであり、「インスパイア」の発刊、編集にも大いに貢献した（筆者注）

31 陸軍少佐のニダル・マリク・ハッサンはヨルダンからアメリカに移民してきた両親のもとバージニア州で生まれた。高校卒業後すぐに陸軍に入隊し、大学と医学校に行く費用は陸軍が支払った。ハッサンは、自分の宗教であるイスラムに関連した嫌がらせを受けていたため長年除隊の機会を探していたといわれる

32 米中央情報局（CIA）が2011年、米国籍のイス

程度が高く、英語とアラビア語を自在に操れるため、2004年にイエメンに戻ってからは、「アラビア半島のアルカイダ」（AQAP）に所属し、同組織のウェブマガジン「インスパイア」の英語編集にも従事した。[30]

アウラキの過激思想に影響を受けたのは、2009年11月に米国テキサスのフォート・フード米軍基地内で銃乱射事件を起こした軍医少佐ニダル・マリク・ハッサン[31]や、2009年12月にデトロイト上空で米国旅客機の機内で下着に隠した爆弾を爆発させようとしたナイジェリア人のウマル・ファルーク・アブドルムタラブ等で、このふたりは、アウラキの説教を聞いて犯行の決意を固めたといわれている。アウラキに対しては、米国政府から殺害命令が出されており、2011年9月、イエメンで米国の無人機による攻撃を受け[32]、死亡した。

ラム指導者アンワル・アウラキ師を殺害した無人機作戦について、米司法省が事前に合法性を認めていたとする内部文書が2014年6月23日、初めて公開された（CNN 2014.06.24）

第3章　航空機テロの脅威

1　9・11米国同時多発テロによるショック

航空機テロと言えば、誰でもあのおぞましい9・11米国同時多発テロを思い出すであろう。航空機テロにも様々な形態があるが、テロリストが同時に複数の旅客機をハイジャックし、自ら操縦して目標に突入するという手口は、常人が考え付くようなものではなく、また、様々な予期せぬ事態をも乗り越えてこのような破天荒なテロを実現させてしまったテロリストの執念にも、驚愕を禁じ得なかった。あの事件が発生してから既に15年以上経過したが、犠牲者の遺族以外にも、あの時受けたショックから立ち直れない人も多いであろう。筆者の友人に、9・11事件でハイジャックされた航空会社のキャビン・アテンダントがいたが、彼女の同僚の中で、あまりのショックと恐怖により休職し、その後も職場に復帰できなかった人たちが何人もいたという話を聞いた。それはそうであろう。ただの事故ではない。人為的なテロという抗しようもない圧倒的な力の行使に、航空機という密閉された空間の中で黙して人生の最後を迎えざ

1　「UNITED93」は2006年のアメリカ映画で、9・11テロでハイジャックされた4機のうち、唯一目標に達しなかったユナイテッド航空93便の離陸から墜落までの機内の様子や、地上の航空関係者たちのやりとりを描いたノンフィクション映画（WIKIPEDIA）

2　なかでもパレスチナ解放人民戦線（PFLP）は、1960年代後半から70年代にかけてイスラエルのエル・アル航空426便ハイジャック事件や同時ハイジャック事件など多数の民間人を巻き込むテロ事件を引き起こしている

3　イスラム原理主義組織ハマスに5年間捕らえられていたイスラエル兵が18日、釈放されエジプトに到着した。これと引き換えにイスラエル側は2段階に分けて1000人以上のパレスチナ囚人を釈放する。エジプトなどが調停して実現した今回の「人質と囚人の交換」は、中東和平の進展にプラス材料となるとの見方もある（『日本経済新

るを得なかった人たちの心境はいかばかりであったろう。

航空機内でテロが発生すれば、搭乗者は逃げ場がない。だとすれば、勇気を奮い起してハイジャッカーと戦い、相手を倒す以外に乗員・乗客が助かる道はない。9・11事件でハイジャックされた4機中、唯一標的にまで達することができず、ペンシルベニア州内に墜落したユナイテッド航空93便[1]の乗客は、果敢にも4人のハイジャッカーと戦い、テロを阻止しようとしたが、結局それを果たすことはできなかった。

9・11事件以降も、テロリストはあらゆる手を尽くし、現在では最も警戒の厳しい航空機テロを計画し、何件も成功させてきている。テロリストが航空機テロを狙い続けるのは、その性質上極めてインパクトが強く、ほとんどの場合、乗員・乗客全員が死亡してしまうからであろう。テロリストにとって、これほど宣伝効果があり、人々に恐怖を与えることのできる作戦はない。

しかし、テロリストによる航空機テロの手口は、時代や世界情勢によって様々に変化してきている。1970年代は、中東戦争や冷戦構造を背景に、パレスチナとイスラエルの間の諍《いさか》いが高じ、中東の反イスラエル勢力（いわゆるアラブゲリラ）による航空機テロが頻発した。[2]中東戦争で捕虜になったアラブ人や、パレスチナ人過激派の身柄と交換する目的[3]で、しばしばイスラエルの

聞』2017年1月30日）

航空機や、ユダヤ人、その他西欧の標的が狙われた。この場合は、人質交換や身代金奪取という目的があったため、航空機は、ハイジャックされても、自爆の手段としてどこかの目標に向かって突っ込んでいくというような事例はほとんどなかった。[4]

次に登場したのは、報復目的で航空機に爆発物を仕掛け、時限装置で飛行中に爆破してしまうという有無を言わせないテロで、テロリストは搭乗せず、乗り換え地点で飛行機を降りてしまうか、荷物だけを航空機に積み込んで爆発させるという手法が多かった。[5] 飛行中に行方不明になるケースもあり、結局、事故なのかテロなのか明確な結論が出ないままにお蔵入りしてしまった航空機事件も多かった。[6]

そして、2001年に9・11米国同時多発テロが起き、航空機テロを巡る環境は大幅に変化した。ハイジャックと自爆テロを組み合わせ、しかも乗員・乗客も巻き添えにして標的に突っ込むというやり方は、理論的にはその脅威が存在し得ると思っても、実際にやってのけるとは誰が想像したであろう。

9・11テロの立案・計画を行ったのは、アルカイダのパキスタン人幹部のひとり、ハリド・シェイク・モハメドと、甥《おい》のラムジ・ユセフ[7]であったといわれる。ふたりは、米国に何とか大打撃を与えたいと執念を燃やすアルカイダの最

4　1980年代初めころから自爆テロは存在したが、9・11テロによって過激派の手口は大幅に変化してきている（著者注）

5　成田空港での荷物爆発事件（1985年）や、大韓航空機爆破事件（1987年）、パンナム103便爆発事件（1988年）、フィリピン航空機爆破テロ（1994年）などがこれに当たる

6　2014年3月4日、北京行きのマレーシア航空370便が239人の乗客乗員を搭乗させたまま行方不明となった。この事件はテロの可能性は低いと思われるが原因は謎のままである。このほかにも原因不明の墜落事故は多数記録されている（THE HUFFINGTON POST 2015.3.4）

7　アルカイダ幹部のハリド・シェイク・モハメドの甥。1993年2月に米国で発生した世界貿易センタービル爆破事件の首謀者（公安調査庁『国

高指導者オサマ・ビン・ラディン[8]への忠誠の証《あかし》として9・11テロを考え出したが、1990年代後半には、既に9・11テロの原案となった「ボジンカ計画[9]」を練り上げていた。「ボジンカ計画」とは、米国の航空機11機を太平洋上で同時に爆破するという未曾有のテロ計画であり、その計画の主柱となるのは、米国への直行便ではなく、アジアのどこかの空港に途中降機（トランジット）する航空機を標的にし、犯人は、自分が座った座席の下に爆弾を仕掛け、トランジットで立ち寄った空港で降りてしまうというものである。したがって、ボジンカ計画は自爆テロではなく、テロリストは爆弾の設置さえ発覚せずに実行できれば生還できる。この計画を実行するため、ラムジ・ユセフは、計画日のほぼ1か月前に予行演習を行っている。1994年12月11日、マニラでフィリピン航空434便に搭乗したラムジ・ユセフは、機内に時限爆弾を仕掛け、セブ島で降りた。その後爆弾を積んだまま東京に向かった同機は、南大東島沖上空で爆発し、その座席に座っていた日本人青年が死亡し、周囲の乗客10人が負傷した。幸い飛行機は墜落せず、沖縄に緊急着陸したが、この時点では、この事件が大規模な航空機同時爆破テロの予行演習だとは誰も想像しなかった。翌年1月、フィリピンから逃亡していたラムジ・ユセフが、パキスタン・イスラマバードで逮捕されたため、大規模テロは実行されずに済んだ。

際テロリズム要覧２０１６』）

８　アルカイダの創始者、元最高指導者。２０１１年５月、パキスタン・アボタバードに潜伏中、米軍の特殊部隊に急襲され射殺（著者注）

９　同計画が発覚したのは、同人がテロ実行間近にマニラのアジトで火災事故を起こし、逃亡したためにテロ計画は中止となった。事故がなければ同計画の実行予定日は数日後に迫っていた（安部川元伸『国際テロリズム１０１問』改訂）

「ボジンカ計画」と9・11テロの違いは、前者ではテロリストが爆弾を機内に持ち込むが、爆弾を仕掛けた後は飛行機を降りる。すなわち、自爆テロではない。一方、後者の9・11テロでは、武器はハイジャックのための最小限の武器（カッターナイフ）とみられ、爆発物は一切持ち込まない。セキュリティ・チェックが甘い国内線を狙い、西海岸に向かう燃料を満載した航空機を離陸直後にハイジャックし、犯人が自ら操縦して航空機もろとも標的に突入するという前代未聞の自爆テロであった。自爆は、帰還を想定していないため、テロリストとして最も難しい実行行為後の逃亡の必要がない。テロリストは、すでに殉教の境地に入っているため、平常心を保つことができ、事前に発覚する危険性も低い。

このように、9・11事件は、国家の治安維持体制を根幹から覆すような重大な事件であったが、それゆえ、政府機関、治安・情報機関は大いなる改革に邁《まい》進《しん》し、縦割り政府の隘路を克服し、より機能性を向上させることに成功した。その証拠に、２００１年以降、9・11テロのような重大事件は起きていないが、テロリストも知恵を絞り、さらに、日進月歩のＩＴ技術[10]を駆使して新たなるテロを成功させているのである。

10　文字通りＩＴの進歩は目覚ましく、テロ組織は大学や研究所から若い技術者のリクルートに力を注いでいる。特に爆弾や武器の開発、通信時の暗号技術、宣伝用のコンピュータグラフィックス、画像処置技術は高水準といわれる（著者注）

11　Russian Airliner Crashes in Egypt, Killing 224(New York Times Oct. 31,2015) https://www.nytimes.com/2015/11/01/world/middleeast/russian-plane-crashes-in-egypt-sinai-peninsula.html?_r=0

12　'Sophisticated' laptop bomb on Somali plane got through X-ray machine (CNN Feb.12 2016) http://edition.cnn.com/2016/02/11/africa/somalia-plane-bomb/

2 深刻度を増している航空機テロの脅威

ここ数年間、明確に原因が究明できない航空機の墜落事件が多発しているが、このうち、テロであるとほぼ断定された事件を2例挙げ、解析してみたい。

様々なマスコミ報道、政府発表などから両事件の概況を再精査してみると、2015年10月31日にエジプト・シナイ半島で起きたロシアのチャーター機墜落事件[11]と、2016年2月2日にソマリア上空で機内に持ち込まれた爆発により機体に穴があいたものの、低高度であったために無事空港に帰還し、着陸に成功した事例[12]は、凄惨な航空機テロの恐怖を世界中に再認識させることになった。

(1) シナイ半島での旅客機墜落事件

2015年10月31日、エジプト・シナイ半島のリゾート地、シャルム・エル・シェイクの国際空港を飛び立ったロシアのチャーター機（コガリムアビア

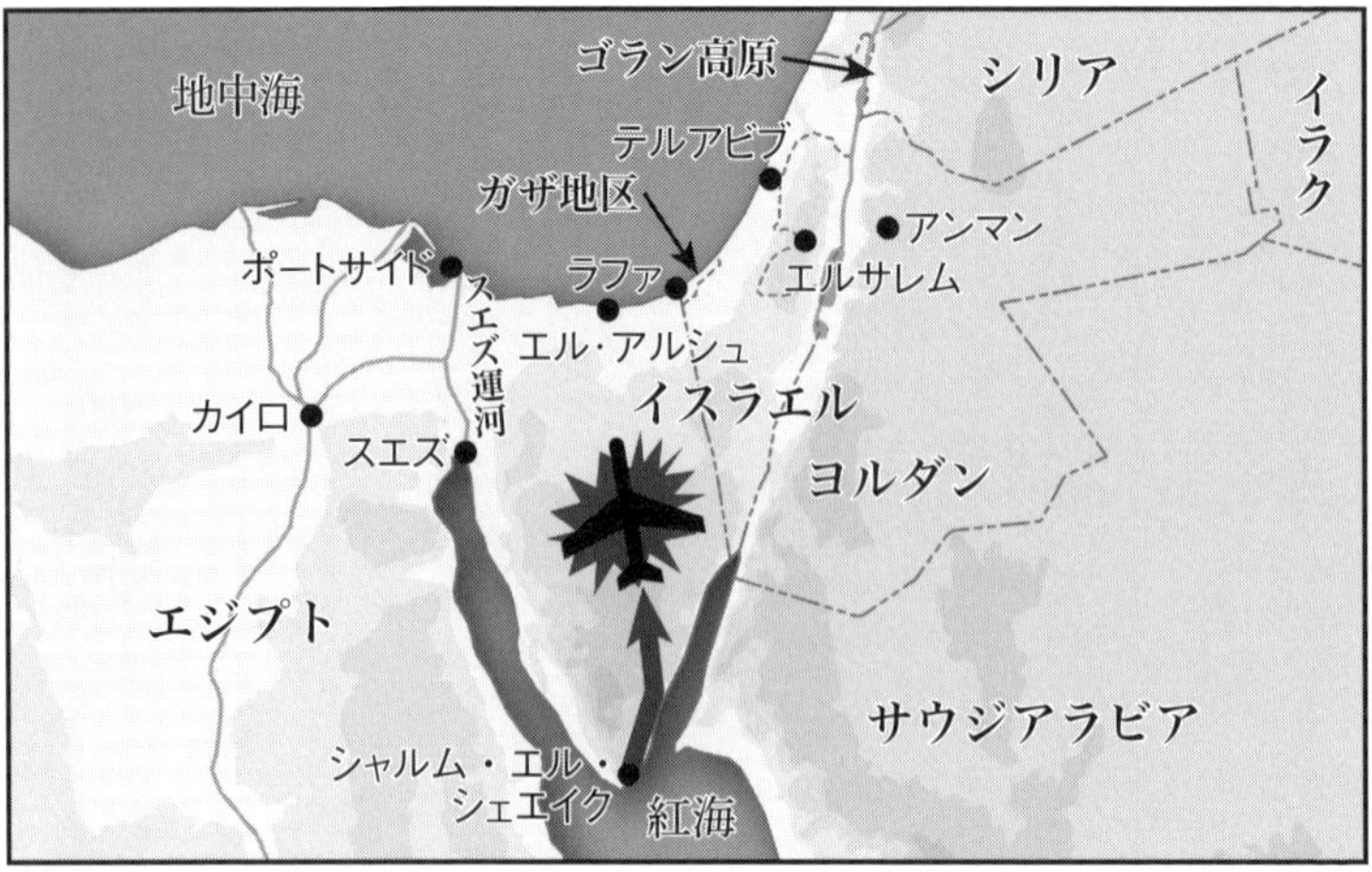

航空）が、離陸20数分後に空中で爆発し、空中分解してシナイ半島の中央部山岳地帯に墜落するという事件が起きた。乗員乗客合わせて244人全員が死亡し、ロシアにとっては歴史上最多の犠牲者を出した航空機テロ事件となった。同機が消息を絶ち、行方不明になった時点ではあらゆるケースが想定され、墜落の原因は不明であったが、11月17日、ロシアのプーチン大統領は、この事件がテロリストの犯行によるものであると断定し、さらに、同国政府は、飛行機爆破犯の情報提供者に5000万ドル（約61億円）の懸賞金を提供すると発表した。[13]

　同事件については、「イスラム

13　Egypt plane crash: Russia says jet was bombed in terror attack (The Gurdian Nov. 17, 2017) https://www.theguardian.com/world/2015/nov/17/egypt-plane-crash-bomb-jet-russia-security-service

14　公安調査庁『国際テロリズム要覧２０１６』３６３ｐ

15　1437 SAFAR JUST TERROR 3 p (DABIQ ISSEU12)

16　Egypt Air mechanic who is cousin to Isis fighter 'among 4 arrested' over Russian plane bombing (International Business Times Jan. 29, 2016) http://www.ibtimes.co.uk/egypt-air-mechanic-who-cousin-isis-fighter-among-4-arrested-over-russian-plane-bombing-1540834

国」の系列組織である「イスラム国のシナイ州[14]」が犯行声明を出しており、また、機内で爆発があったことも判明し、墜落の原因がテロであったことがほぼ明らかになった。

　同テロ事件の捜査が進められていく中で、恐るべき事実が解明されている。ひとつは、「イスラム国」が、機関誌としているウェブマガジン『ダービク』12号[15]に「ロシアの旅客機内でジュース缶に仕込んだ爆薬を爆発させ、墜落させた」と、実際に使用した爆弾の写真を掲載して犯行を自認していたことであり、これによって衝撃的なテロ事件の実像が白日の下に晒《さら》されることになった。

　さらに、シャルム・エル・シェイク国際空港に関する捜査で、恐るべき事実が判明した。現在では、航空機内に爆弾を持ち込むことは、空港の検査の厳格さに鑑みて極めて困難と考えられているが、空港の検査員にテロリストの協力者がいれば、どんなに不可能に見えることでも可能になってしまうのである。

　エジプト政府は、同事件に関連して、空港の職員4人の身柄を拘束したといわれる[16]（公式発表はない）。空港で勤務するエジプト航空の技術担当職員の従弟が「イスラム国」のメンバーであり、事件の1年半前に同組織に加入していたことが明らかになった。容疑者

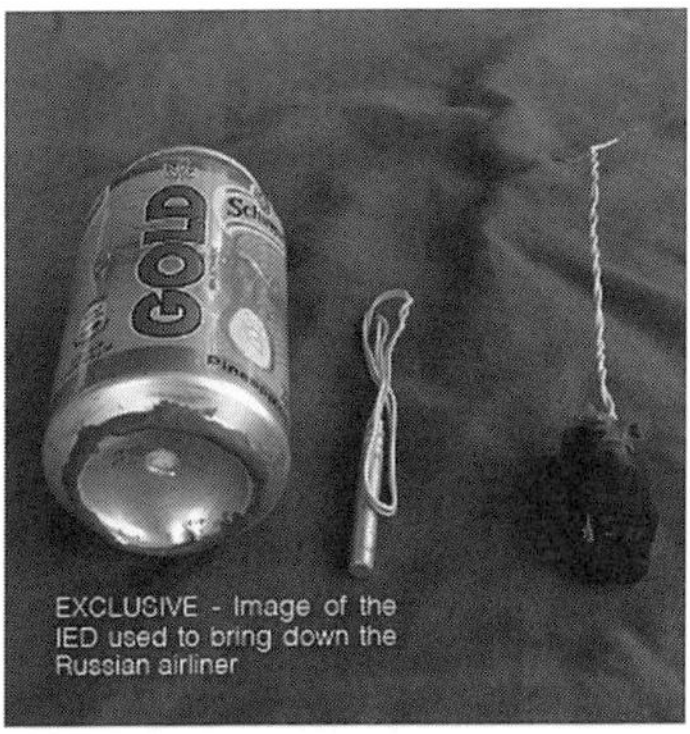
GOLD
EXCLUSIVE - Image of the IED used to bring down the Russian airliner

「イスラム国」は、「ダービク」12 号で、爆弾として使用した缶と墜落した航空機残骸の写真を掲載し、「シャルム・エル・シェイク国際空港のセキュリティを突破し、米国主導の連合軍参加国の航空機を墜落させることを決意。標的をロシアに変えたが、機内のこの爆弾を持ち込み、ロシアの愚かな空爆開始からわずか１カ月後に 216 人のロシア人とその他の十字軍兵士５人を殺した」と犯行を自認した

は、同技術担当職員、エックス線検査機による爆弾検査をパスさせてテロに協力した荷物係員、さらには、一連の様子を見て見ぬふりをして協力したとされる空港警察官ふたりの計4人である。

エジプトでは、かつてアルカイダに忠誠を誓った「アンサール・バイト・アル・マクディス」（ABM）[17]が活発に活動し、政府、警察等に対しテロを頻発させていたが、2014年11月に突如「イスラム国」への忠誠を表明し、「イスラム国のシナイ州」を名乗るようになった。このときの航空機テロで犯行声明を発したのは同組織であり、最も警備が厳重とされる国際空港にも、既にテロリストの魔の手が入り込んでいたという恐るべき実態が明らかになった。

(2) ソマリアのダーロ航空機、爆発で機体に穴があくも無事帰還

機体が墜落し、原形をとどめないほど破壊されてしまうと、ブラックボックスを回収して墜落の原因を突き止めるにはそれなりに時間がかかる。しかし、航空機が、テロに遭いながらも無事帰還を果たせば、生存者の証言からも貴重な情報が得られ、事件の全容を素早く解明することができる。

2016年2月2日にソマリアのモガディシオ国際空港を離陸し、テロ

17 公安調査庁『国際テロリズム要覧2016』363p

18 Al Shabab claims Somalia plane bomb attack Group says it attacked Daallo Airlines after its initial target, a Turkish Airlines flight, cancelled Mogadishu flight. (ALJAZEELA 13 Feb. 2016) http://www.aljazeera.com/news/2016/02/al-shabab-claims-somalia-bomb-plane-attack-160213130832329.html

19 公安調査庁『国際テロリズム要覧』132～143p

20 AMISOM http://amisom-au.org/

攻撃を受けた後に空港に帰還できたという事案[18]は、前述の１９９４年12月に発生したフィリピン航空機４３４便の爆破事件以来の極めて幸運な例であり、しかも、警察が事件の全容を解明し、事件の解決に大いに貢献することとなった。

同事件に関与した人物として、少なくとも４人が確認されており、その手口のあらましが空港の警備用ＣＣＴＶカメラ（監視ビデオカメラ）に写し出されていた。

このテロ事件に関与したのは、ソマリアを拠点とするテロ組織「アル・シャバーブ[19]」であり、同国政府や、国連安保理の承認で同国に派遣されている多国籍治安部隊、「アフリカ連合ソマリア・ミッション」（ＡＭＩＳＯＭ[20]）などへのテロを活発に行い、アルカイダに忠誠を誓っているといわれる。

事件に遭遇した航空機は、ＵＡＥを本拠にしているダーロ航空の１５９便で、ソマリアのモガディシオ国際空港からジブチに向けて飛び立った約20分後に機内中央の窓際で爆発が起きた。機体に大きな穴があいたが、離陸後間もない時であり、巡航高度に達していなかったことが幸いして、空中分

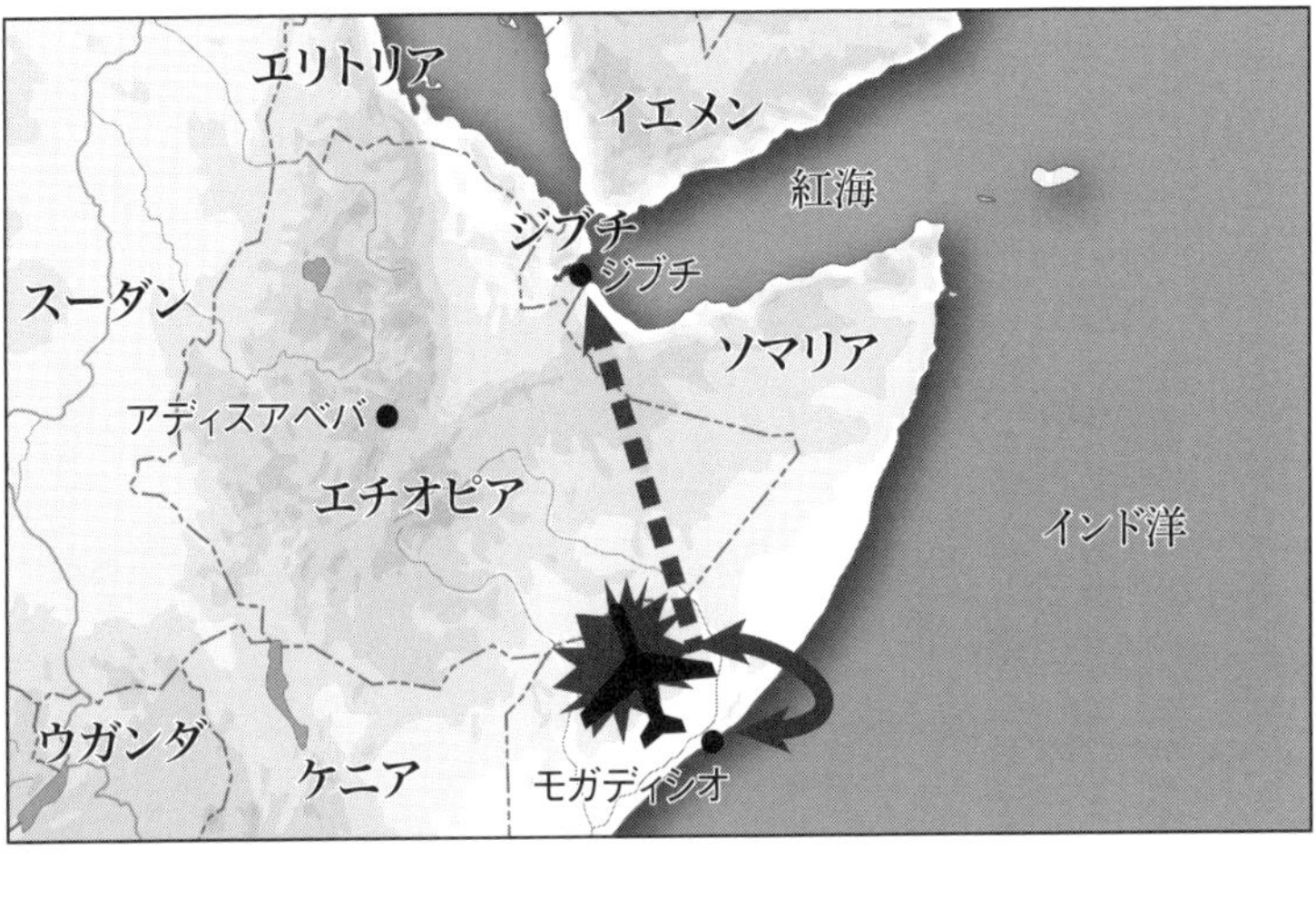

解は避けられた。犯人以外に死亡した者はなく、負傷者がふたり出たのみで、乗客・乗員70人以上は無事だった。ラップトップ・コンピュータ内に仕掛けた爆弾を持って同機に搭乗したテロリストは、燃料タンクがある主翼の上に席を取ったが、爆発時に燃料に引火することはなかった。同人は、爆発によってできた穴から瞬時に機外に放り出され、その後地上で死体が発見されている。

実際の事件の顛末《てんまつ》は以下の通りである。

◉「アル・シャバーブ」にリクルートされた空港荷物係の職員ふたりが、爆弾を仕込んだラップトップ・コンピュータを他の職員の目につかないようにX線検査機を通過させる[21]

◉ふたりはラップトップを持ったままボーディング・ゲートを通過し、搭乗口待合室方面に向かう

◉ふたりは、待っていた自爆要員の男に目立たないように接近し、擦れ違いざまにラップトップを男に手渡す

◉自爆要員の男は、搭乗時間になると機内に乗り込み、予約してあった右主翼上の座席に着座する

◉およそ離陸20分後にラップトップは爆発し、機体にドアほどの大きさの穴

21 Somalia Daallo Airlines Bombing Video: Surveillance Footage Shows Suspected Suicide Bomber Before Attack (International Business Times Feb. 8, 2016) http://www.ibtimes.com/somalia-daallo-airlines-bombing-video-surveillance-footage-shows-suspected-suicide-2298097

22 対「イスラム国」有志連合参加国（安部川元伸『国際テロリズムハンドブック』235p）

23 先進国では検査機材のハイテク化で航空機テロの手口は次第に狭められつつあり、空港検査官の中に協力者を送り込むことはテロリストにとって究極の策である。（筆者注）

24 AQAPの爆弾製造の専門家。同人が製造し、テロリストに与えた爆弾は多くのテロ、テロ未遂事件を起こしている。2009年8月、実弟のアブドッラー・アル・アシリをサウジのテロ対策責任者であったアブド

があく

◉自爆犯は、気圧の差で瞬時に機外に投げ出される

◉機体に穴があいたものの、飛行機は空中分解せず、無事モガディシオ空港に引き返し、着陸

実は、この航空機テロでは、テロリスト側にもうひとつの誤算があった。すなわち、テロリストの本来の標的は、有志連合の一員としてシリアの空爆に参加しているトルコの旅客機[22]であったが、テロリストが爆弾を携えて乗り込むはずのトルコ機は、その日強風のためにモガディシオ国際空港に到着しなかった。「アル・シャバーブ」の工作員は、出発直前になって、やむなくダーロ航空機へと搭乗便を変更したのであった。

以上のふたつの航空機テロ事件は、空港の職員の中に協力者を設定し、警備の裏をかくという、テロリストが厳重な警備態勢をあざ笑うかのような手口を駆使したものであった[23]。２００９年12月には、「アラビア半島のアルカイダ」（ＡＱＡＰ）の爆弾専門家イブラヒム・アル・アシリ[24]が製造した、空港の金属探知機に反応しないＰＥＴＮ（ペンタエリスリットペンスリット[25]）という粉末

ッラー・ビン・ナーイフ内務次官を暗殺しようとしたが失敗に終わった（公安調査庁『国際テロリズム要覧２０１６』１０５ｐ）

25　ＰＥＴＮが金属探知器に反応しないのは、一切の金属を使用していないためであり、逆に爆弾に点火し爆発させるのは難しいとされる（著者注）

状の高性能爆弾を実行犯の下着に縫いつけ、米国デトロイトの上空で爆発させようとしたが、犯人は思い通りに爆弾に着火させられず、未遂に終わるという事件が発生している。その後、空港警備当局は、この種の爆弾を発見するために各空港にボディ・スキャナーを設置したものの、テロリストも、これをさらに克服する新手を考えてくる。空港職員や警備員をリクルートし、あるいは協力者に仕立て上げれば、より高い確率でテロを成功させることが可能となる。今後もテロリストと取り締まる側の政府機関、治安機関等との知恵比べは続くであろうが、取り締まる側は、テロリストにどのようなテロを成功させられようとも、常に相手を上回る対策を練り上げていかなければならない。これは、テロとの戦いにおける永遠のテーマである。

26　先進国では容易ではない目論見であろうが、途上国では、賄賂を与えるか、コミュニティのコネを利用して協力者を送り込むことは可能であろう。先進国でも、難民に紛れ込んで標的の施設に紛れ込む等の手口も考えられ、注意が必要である（著者注）

27　同右

3　航空機テロを成功させるためのリクルート

前項のエジプト・シナイ半島で発生した航空機爆破テロを計画した「イスラム国」は、明らかにシャルム・エル・シェイク国際空港のセキュリティ上の弱点を突いており、空港の荷物検査の職員並びに現場を監視している警察官の腐敗につけ込んでいたのである。[26]

このように、9・11テロ事件以降の厳格な航空機セキュリティに直面しているテロリストたちが新たに工夫したのが、テロ対象の組織内に協力者を設定し、彼らに厳しいセキュリティをくぐり抜けるための重大な役割を担わせるという手法である。[27] これは、テロリストにとっては究極の手口であり、守る側は、内部に裏切り者が出てしまえば、どのような対策を講じても全くお手上げである。恐らく、テロの成功率も他の手口と比べてはるかに高いと思われる。

先進国では、テロリストが組織内に内通者、あるいは協力者を獲得することは容易ではないと思われるが、モラルが低く、常に処遇や給与等に不満を抱いているような条件があるとすれば、テロリストはその心の隙間にスッと入り込んでいくのである。

最近注目されているテロリストの手口の傾向は、まさにこの点を突いたものであり、たとえば、航空会社、航空産業の内部にスパイを送り込むか、内部に協力者を仕立て上げ、彼らにテロ計画を支援させ、テロの実行を可能ならしめることである。特に、標的とする航空会社や空港の職員をリクルートし、セキュリティ・チェックを通過させるか、彼ら自身が爆発物や武器を持ち込んでテロを行うのである。こうしたリクルートも、主にソーシャル・ネットワークを通じて行われており、これにより、テロ組織は際限なく、しかも、設置したい場所に協力者を送り込むことができる。また、その一方、シャルム・エル・シェイク発のロシアのチャーター便が、爆発・墜落した事件（２０１５年10月31日発生）では、最初に「イスラム国」に忠誠を誓っているエジプトの「イスラム国のシナイ州」が、以前から同空港の機械工として働いていた職員が、「イスラム国」メンバーの従弟であることを突き止め、この縁戚関係を巧みに利用して成し遂げたテロであった。

このように、「イスラム国」は、官憲の目の届かないところでテロを計画し、実行するという手口を使うようになっている。これは、人的なネットワークを利用するという、むしろ伝統的な手法によるものであるが、実際、リクルートの現場では、ＳＮＳに頼るだけでなく、地域コミュニティ、モスク、学校のサークル等に浸透してリクルートの対象者を発見し接近する、いわばアナログ式のリクルート活動も引き続き行われている。

２０１５年の「反テロ国際研究所」[28]（ＩＣＴ）の研究発表によれば、同研究所のチームは、欧州全域の空港の職員の中で、旅客機や貨物機の安全対策にアクセスした経験のある者が多数おり、しかも、その中にイスラム過激派を賛辞

28　ＩＣＴ：International Institute for Counter-Terrorism https://www.ict.org.il/

29　ベルギー連続自爆テロ容疑者を逮捕（THE HUFFINGTON POST 2016.3.23) http://www.huffingtonpost.jp/2016/03/23/brussels-attack-suspect-najim-laachraoui-arrested_n_9529774.html

30　Star Tribune Sep. 29, 2015 http://www.startribune.com/minnesota-leads-the-nation-in-would-be-isil-terrorists-from-u-s-report-finds/329942131/

する内容を投稿している者のフェイスブック・プロファイルが存在しているとのことである。空港のテロ対策は極めて厳重なことは言うまでもないが、職員の採用過程で重大な欠陥があったために、航空機テロや事故が増加しているといわれている。前述のエジプトのシナイ半島で起きたロシア機墜落事件以降、同国政府は厳格な捜査を行い、その結果、爆弾が空港職員の手で機内に持ち込まれた可能性に行き着き、荷物運搬係の機械工と警察官ふたりを同事件に関与した容疑で逮捕した。また、2016年3月にベルギーで発生した同時多発テロで、当初ブリュッセル空港で自爆したと報じられた犯人のひとり、ナジム・ラシュラウィ[29]容疑者が逮捕された。同人は、2012年まで5年間にわたり、同空港で働いていたことが判明しており、その前には、EUの議会ビルで清掃員として働いていたこともわかっている。同人が、ベルギーでの同時多発テロの計画に深く関わっていた可能性がここで指摘される。

他方、米国の治安機関は、米国内で「イスラム国」の関係者と疑われる空港職員を数十人特定していると報告[30]している。米国では、ミネソタ州のセント・ポール空港でテロリストのリクルートが行われていたことが知られており、同空港で、航空機への燃料給油と機内清掃を任務としていた空港職員、及び、同じ空港で清掃員として働いていた別の男が「イスラム国」に参加していたといわれるほか、同空港のトローリー運転手が、アルカイダに近い「アル・シャバーブ」にリクルートされ、その4年後に米国人として初めてソマリアで自爆テロを敢行したことが知られている。[31] このほか、ミネソタの同じ空港で、同じく「アル・シャバーブ」にリクルートされた男が、ソマリアのモガディシオで組織のために自爆テロを行っている。[32] これらの空港には、彼らが秘密裏に設定した隠れ礼拝室が存在しているといわれ、こうした空港内の隠れ施設内でテロリストたちは密かにテロの謀議を行っていたと考えられる。

このように、これだけ多くのテロリスト及び支援者が空港内に職員として送り込まれていることと、最近、航空機及び空港、地下鉄などを標的としたテロが頻発していることは、決して偶然の一致ではないであろう。「イスラム国」やアルカイダが、空港の厳しいチェックを潜り抜け、テロを成功させるために新たに取り組み始めたテロの手口ではないだろうか。

31 American carried out Somalia suicide bombing, Islamists claim (CNN Oct. 30, 2011) http://edition.cnn.com/2011/10/30/world/africa/somalia-us-bomber/

32 Al Shabaab's American Recruits (ADL Feb. 20) http://www.adl.org/assets/pdf/combating-hate/al-shabaabs-american-recruits.pdf

第4章　西側に対する報復のためのテロ

テロリストがテロを起こす動機として、最も多く見受けられるケースは、イデオロギーに起因するテロというよりは、報復のためのテロ[1]であろう。近年、急激に台頭してきた「イスラム国」（ＩＳまたはＩＳＩＬ）は、シリアやイラクで自分たちを空爆し、甚大な損害を強いている米国主導の有志連合の参加国に対する報復のため、常に現地国でのテロを計画し、シリアからの帰還戦闘員や現地国でリクルートした要員を使ってテロを起こそうと狙っている。１００人以上が犠牲になる大規模なテロもあれば、単体を狙った小規模のテロもある。テロリストは、シリアやイラクの戦闘地域で起こすテロよりも、西側の現地国で起こすテロの方が何倍もの価値があると言明し、西側でのテロを奨励しているが、現在、シリアやイラクの戦場で旗色が悪くなっている「イスラム国」は、今後、さらなる報復を狙い、西側でのテロを頻発させるようになると考えられている。

1　Syrian Intifada Isis vows revenge on West for killing propaganda chief Abu Bakr al-Baghdadi Calls for the Islamic State to Stand Firm in Mosul https://kyleorton1991.wordpress.com/2016/11/11/abu-bakr-al-baghdadi-calls-for-the-islamic-state-to-stand-firm-in-mosul/

2　2015年1月7日、カラシニコフ銃で武装した覆面を被った兄弟がイスラムの風刺画を掲載したシャルリ・エブド誌の本社を襲撃。「アラビア半島のアルカイダ」（ＡＱＡＰ）が犯行を自認。警官や同社編集長など計12人が死亡、11人が負傷（著者注）

3　。富山の中古車販売店前に、イスラム教の聖典「コーラン」が破り捨てられていたなどとして、約300人のイスラム教徒が県警や県などに、コーラン破り捨てに対する徹底した捜査やイスラム教徒に対する嫌がらせ対策などを要求した事件（「読売新聞」地域ニュース富山版

1　イスラムの予言者モハンマドの風刺画等に対する報復テロ

２０１５年初頭にパリで発生した「シャルリ・エブド」[2]紙への攻撃に代表されるように、予言者モハンマドを風刺した漫画・絵画などが発刊された場合には、イスラム過激派は怒りを増幅させ、必ず報復に出るといっても過言ではないであろう。２００１年5月、我が国で富山コーラン破棄事件[3]が起きた際、瞬く間にパキスタン人を中心に、各地でデモ隊が組織され、激しい抗議運動に発展した。その他、インドネシアにおける味の素事件[4]（２００１年1月。製品に豚肉のエキスが入っていたことが問題となった）、日本のアニメ『ジョジョの奇妙な冒険』[5]で不適切な表現があったとして、出版社がイスラム社会から猛烈な抗議を受けた（２００８年5月）こともある。いずれの場合も、当事者が即座に謝罪したため大事には至らなかったものの、欧州、米国などでは、イスラムを批判、あるいは揶揄したとのことで、銃撃や刺殺、時には大規模な爆弾テロなどが頻繁に発生した。たとえば、デンマークの「ユランズ・ポステン」[6]紙が、イスラムの預言者ムハンマドを戯画化した12枚の絵を紙上に掲

２００１年５月23日）http://www.kcc.zaq.ne.jp/dfjkb700/kohran/kohran.htm

4　２００１年１月、インドネシア味の素の調味料がハラル認証を受けながら、認証後に発酵菌の栄養源を作る過程で使用する触媒に豚から抽出した酵素が使われていたことが判明し、現地日本人社長を含む数名が逮捕された事件（Cilsien-ASEAN Info Clips）

5　集英社発行の漫画「ジョジョの奇妙な冒険」を基に制作されたアニメ作品「ジョジョの奇妙な冒険」の中にイスラム教徒に誤解されかねない描写があったとして出版社が謝罪した案件

6　２００５年9月、デンマークの日刊紙「ユランズ・ポステン」に掲載されたムハンマドの風刺漫画を巡り、イスラム諸国の政府および国民の間で非難の声が上がり外交問題に発展した事件。この問題に絡み、デンマーク、スウェーデン、パキスタンなどで報復のテロが発生した

載し、イスラム圏各国から抗議を受ける（2005年9月）という騒動があった。「ユランズ・ポステン」は謝罪したが、表現の自由を重んじる欧州各国のジャーナリズムがこの風刺画を次々に転載したため、風刺画は世界に拡散した。こうしたいきさつがあって、在イスラマバード・デンマーク大使館がイスラム過激派に爆破される（2008年6月）という事件に発展した。[7] 同事件では、後にアルカイダの幹部が、「予言者を愚弄した者への制裁」という内容の犯行声明を出している。[8]

2 パンナム103便爆破事件

当事件は、本来であれば第3章に記載すべき事案であろうが、これは、後に、国家が仕組んだ国家テロであったことが判明し、その手法も国家ぐるみの作戦であった点に鑑み、本章で取り上げることにする。

時代はさらに遡り、1980年代後半へと時間を巻き戻す。当時は、4度の中東戦争を経て、アラブ・ゲリラが活発に活動し、イスラエルや欧米の航空

7　最も大規模なテロは、2008年6月、パキスタン・イスラマバードのデンマーク大使館前で発生した自爆テロであろう。死者6人を出した。アルカイダがインターネットで、「ムハンマド風刺への報復」との犯行声明を発した

8　イスラムの予言者を揶揄・愚弄したとして報復のテロ攻撃に繋がった例は数多ある。善意のものも悪意のものもあろうが、どちらにしても軽率な行為は控えるべきであろう

9　1988年12月に発生した航空機爆破事件。乗員乗客合わせて259人全員と地上の住民11人が死亡した。リビア政府の関与の下で実行されたテロ事件として国家支援テロと位置づけられた。被害を受けたパン・アメリカン航空はその後経営破綻し、倒産した

10　1989年9月、コンゴ発チャド経由パリ行きのフランスUTA航空772便が高度1万メートルを航行中、手荷物

機を狙ったハイジャック事件、爆破事件が多発した時期であった。１９８８年12月に起きたパン・アメリカン航空１０３便の爆破事件[9]と、翌１９８９年９月に起きたフランスのＵＴＡ航空７７２便の爆破・墜落事件[10]も、リビアの首都トリポリほかを空爆（１９８５年４月）した米国に対する報復と、チャドに対するフランスの軍事介入に反発したリビアによる報復テロであったことが判明している。これらのテロ事件が発生した時代は、航空機に搭載する荷物のチェックが現在ほどには厳格に行われておらず、テロリストもひと工夫するだけで爆発物を標的の航空機に載せ、タイマーを使って空中で爆破することは可能であった。特に、パンナム機に対するテロについては、米英の捜査当局による実に地道な捜査が行われ、ついに、テロの実行行為者がリビアの情報機関員のふたりであることが突き止められ[11]、事件の全容が解明されることになった。

　その執念の捜査の一端を紹介しておく。

　パン・アメリカン航空１０３便爆破・墜落事件は、１９８８年12月21日に発生したテロ事件であり、同機を爆破したのは、リビアの情報機関員２名であったとされる。同機は、ドイツのフランクフルトから、英国のロンドン（ロンドンで機体をボーイング７２７から同７４７に機種変更した）、米国のデトロイトを経由してニューヨークまで飛行する予定であった。爆発事件が起

のスーツケースに仕掛けられた爆弾が爆発し、墜落した。テロの首謀者は、チャドへのフランス軍の軍事介入を嫌うリビア政府だったことが判明

11　事件の捜査は国際チームによる共同体制で行われたが、捜査員の執念が実り犯人の特定に至った

きたのは、同機がロンドンを飛び立って約40分後、スコットランドのロッカビー村の上空であった。同機の墜落により、乗員・乗客合わせて259人全員と、飛行機の残骸が落下したロッカビーの住民11人が巻き添えになった。なお、この事件では、ロンドンに居住していた日本人男性ひとりも犠牲になっている。

727機がフランクフルトから運んできた爆発物は、同機が別の便名でマルタ島に寄った際に積み込まれたスーツケースに入れられていたとされ、マルタ島は、爆弾（高性能のプラスチック爆弾セムテックスと特定）を貨物に紛れ込ませた犯人と結びつける重要な捜査端緒とされた。[12] パンナム103便は、ロンドンで機種を変更した際、貨物を検査なしで乗せ換えていたため、マルタ島から運ばれてきたとされる爆弾は、そのままボーイング747機に移し換えられたのであった。[13]

米英の捜査陣は、墜落現場の残骸の中から、爆弾に使われたと思われるタイマーを発見し、その製造元、販売元をたどり、同タイマーがリビア人に売られたこと、また、爆弾を入れていたスーツケースに入っていた衣服を販売した店がマルタ島にあることも突き止めた（同衣料品店の店員が、墜落機の残骸から発見された衣料を後出のリビア情報機関員のメグラヒに売ったことを証言し、

12　捜査の端緒は、墜落機の残骸ひとつひとつを調べるという極めて地道なものであったが、爆弾を包んでいた布の端切れからたどってリビアの工作員を割り出した

13　1980年代は航空機内での自爆は珍しく、犯人は爆弾を入れた荷物を残し途中で降りるケースが多かった（著者注）

これが決定的な証拠となった)。このような地道な捜査過程を経て、事件の容疑者としてリビアの情報機関員2名が特定されたのである。まさに、国家機関が絡んだ国家によるテロであったことが白日の下に晒されることになった。

このテロ事件では、犯人には大きな誤算があった。標的の旅客機を洋上で爆破し、証拠はすべて海の藻屑《もくず》として消え去るものと考えていた。しかし、103便は、ロンドン・ヒースロー空港からの出発が30分遅れたため、爆弾はセットした時間通りに爆発したものの、機体は陸地に墜落し、飛行機の残骸と共に数々の証拠物が残された。そのため、その後の捜査で真相が解明されて犯人が特定され、逮捕されることになった。犯人とされたリビア情報機関員の名は、アブドゥル・バーシト・メグラヒと、ラミン・カリファ・フヒーマであった。当初、リビア政府は、ふたりの身柄引き渡しを拒否し、トリポリで自宅軟禁に処すとともに、リビア国内での裁判を要求した。しかし、フヒーマは、メグラヒと同時に起訴されたものの、同人には完璧なアリバイがあったため、2001年2月1日、釈放され、リビアに帰国した。一方のメグラヒは、リビア・アラブ航空の保安責任者、及び、トリポリの戦略研究センター所長というふたつの肩書をカバー（偽装の身分）にしていたリビアの情報機関員であったが、2001年にスコットランドの裁判所で有罪判決を受け、受刑していた（2001年1月31日、オランダの特別法廷においてスコットランドの法律で裁かれ、270人もの殺人を犯した容疑で終身刑を言い渡されていた）。後、末期の前立腺癌で余命3か月と診断されたため、2009年に「温情措置」として釈放され、故国に帰国した。メグラヒは、それから2年9か月後の2012年5月、トリポリで死亡している。

3 成田空港でのトランジット荷物の爆発

日本では外国のテロリストによるテロ事件が起きたことはないと思い込んでいる人が多いかもしれないが、それは誤りである。イスラムを批判的に描いた「悪魔の詩」を日本語に翻訳した筑波大学助教授の五十嵐一氏が、1991年7月12日、キャンパス内のエレベーターホールで刺殺されるという事件[14]が起きているほか、1985年6月23日には、インドのエア・インディア機を狙った爆弾が、成田空港第1ターミナルの2階で貨物の載せ替え中に爆発し、空港作業員ふたりが死亡し、4人が重傷を負うという事件[15]も発生している。前者に

14　サルマン・ラシュディの小説『悪魔の詩』を翻訳した筑波大学五十嵐一助教授が大学構内のエレベーターホールで刺殺された事件。犯人は逃亡し、2006年に時効が成立し事件の解決はならなかった。

15　『国際テロリズム要覧2016』325p

16　同航空貨物に仕掛けられた爆弾は、エア・インディア301便を狙ったものに間違いないと思われた。ほぼ同時刻に北大西洋上でもモントリオール発エア・インディア182便が爆破され、乗員乗客合わせて329人全員が死亡した。

17　当時インド国内外で活発に活動していたシーク系過激組織には、「全インド・シーク学生連盟」「バッバール・カルサ・インターナショナル」「国際シーク青年同盟」などがあった（公安調査庁『国際テロリズム要覧2016』）

18　シーク教徒は、主にインド

ついては、犯人が犯行直後に海外逃亡したとみられ、その後の捜査の甲斐なく、2006年7月に公訴時効を迎え、事件は迷宮入りした。後者については、当初は事件の背景はわからなかったが、日本時間の同日午後、大西洋上を飛行していたエア・インディア機が、アイルランド近くの海上で爆破・墜落したというニュースが流れると、成田での爆発もこれに関連があるのではないかと類推された。成田の事件では、爆発の原因は、航空機から降ろされて別の航空機に移し替えようとした荷物が爆発したことは明白な事実であり、テロリストの本来の目標は、最後に当該荷物を載せる航空機であるとの考えに至った。カナダから東京まで搭乗者不在の荷物を運んできた航空機は、バンクーバー発東京着のカナダ太平洋航空3便であり、さらに同便の荷物を引き継ぎ、東京からバンコク、さらにはインドに向かう航空機は、エア・インディア301便[16]であった。

当時の国際情勢は、アジアの大国インドをめぐっては、シーク教徒過激派による分離独立運動が活発[17]であり、前年の1984年6月には、インド政府軍による、シーク教徒の聖地で拠点でもある「ゴールデン・テンプル」への攻撃（ブルースター作戦[18]）が行われ、航空機爆破計画は、この報復としてシーク教徒過激派が仕組んだテロであることが判明した。同年10月には、ゴールデン・

西部のパンジャブ州に居住しており、中央政府からの分離・独立を図りカリスタンという独立国を創設しようとしていた。政府はこれを阻むためシーク教徒の拠点であるゴールデン・テンプルを攻撃（ブルースター作戦）し、多くの反乱軍兵士を殺害した。

テンプルへの攻撃を命じたインディラ・ガンジー首相もシーク教徒の護衛兵に射殺[19]（1984年10月）されるなど、インド情勢は極めて不安定化していた時代であった。

なお、成田空港での爆弾事件の犯人は、1988年2月に英国で逮捕された。犯人の供述によると、成田空港で爆弾が爆発してしまったのは、タイマーのセットを間違えて1時間早く設定してしまったためとのことであった。すなわち、原因は、犯人が、日本にはサマータイム（Daylight Saving Time）の制度がないことを知らなかったためと考えられている。

4　米国フロリダ州オーランドでの銃撃テロ事件

時間を再び現代に戻そう。現在、欧州ばかりでなく、米国でも注目に値するテロ事件が多発している。米国当局は、シリアへの渡航者、あるいは、同国からの帰還戦闘員の入国に厳重な警戒措置を施しているため、中東地域で軍事訓練や実戦経験を積んできたと思われる、いわゆる、「外国人戦士[20]」による

19　インディラ・ガンジー首相が護衛兵に撃たれて暗殺されたのは、ブルースター作戦への報復であった。犯人はシーク教徒であり、ガンジー政権に恨みを抱いていた。その前後からインドのシーク過激派は活発にテロ活動を行うようになり、エア・インディア機の爆破等の激しい抵抗を見せた

20　Foreign Fighters。イスラム国への参加を目指し、一時期は世界中から2万人以上の若者が不法に越境してきたといわれる

21　一般的にはイスラム諸国から欧米へ移住した移民の2世、3世、あるいは元々欧米諸国に生活基盤を持つ者のうち、何らかの理由で過激化し、居住国でテロを行う者をいう（『国際テロリズムハンドブック』92p）

22　2016年6月、フロリダ州オーランドのゲイ・ナイトクラブで男が自動小銃を乱射した後、店内に立てこもった数時間後に特殊部隊が突入。男は射殺されたが、同人は49人を射殺し、

テロは起きていないものの、国内で「イスラム国」ほかの過激派の思想に感化され、自らテロ組織に忠誠を誓ってテロを行う者（ホームグロウン・テロリスト）[21]が増えているように見受けられる。中でも特に注目を集めたのは、2016年6月12日に米国フロリダ州オーランドのゲイ・ナイトクラブで発生した、自動小銃の乱射による無差別殺戮《さつりく》テロ[22]である。同テロ事件では、49人が殺害され、53人が負傷したが、2001年に発生した米国同時多発テロ以来、米国で起きたテロ事件では最大の犠牲者数を記録した。犯人は単独犯のローン・ウルフ[23]であり、かねてより憎悪の対象としていた同性愛者を攻撃したが、事前に妻と車で標的の下見をしており、計画的犯行とみられる。犯人は、自ら「イスラム国」に忠誠を誓ったと周囲の人間に漏らしていたといわれるが、同人の思想的背景はいまだに明確にはなっていない。しかし、「イスラム国」の宣伝（プロパガンダ）活動に何らかの影響を受けていたであろうことは想像に難くない。

　同犯人には、過去にシリアやイラクに入国し、「イスラム国」ほかのテロ組織に参加したなどの記録はなく、「イスラム国」に忠誠を誓ったとの自身の発言がどの程度まで信憑性があり、さらには、実際に「イスラム国」のメンバーであったのかどうか、あるいは、どの程度の思想性を有していたのかも不明で

53人を負傷させた。ローン・ウルフの犯行であり、犯人の事前摘発はできなかった

23　フロリダ・オーランドの事件やフランス・ニース（2016年7月）やドイツ・ベルリンで起きた（2016年12月）のトラック・テロなどは、背景はあるにしてもローン・ウルフによる犯行であった。テロリストは、西側での単独か少人数によるテロを奨励している

24　イスラム教が同性愛を禁じていることは既知のことであるが、オーランドの事件は、ゲイが集まるナイトクラブということで、いわゆるヘイト・クライムの一環とも思われた。イスラムの教典でも男女問わず同性愛を禁じており、過激派組織のイスラム国も同性愛者を残酷なやり方で処刑している（著者注）

ある。はっきりしていることは、イスラム教が固く禁じている同性愛者[24]に憎悪を抱き、彼らが集まるナイトクラブで大量殺戮を行ったという事実である。

仮に、犯人が、「イスラム国」の戦士として高い思想性と組織への忠誠心を有していたとすると、「イスラム国」が、かつてのアルカイダが訴えていた「遠い敵」である米国[25]への攻撃に本格的に乗り出してきたのであろうか？ 欧州の場合は、「イスラム国」ほかのテロ組織が拠点とする紛争地と陸続きであり、しかも、テロリストが難民に紛れ込んで欧州に入り込んだケースも多々ある。しかし、米国の場合は、大西洋をはさんでおり、加えて9・11テロ以降、空港、港湾、国境線等における水際対策が厳重に行われており、米国での大規模テロの実行は極めて困難になっている。

米国では、9・11同時多発テロ以降数々のテロ事件が発生しているが、その半数近くは銃の乱射または狙撃によるものであり、しかも、それら事件の実行犯の中に、シリアやイラクのテロリスト・キャンプでテロ訓練を受けた、いわゆる筋金入りのテロリストは含まれていない。さらに、シリアやイラクに渡り、その後に帰国した「外国人戦士」の帰還者数においても、米国の場合は、2015年10月時点の統計では約40人[26]といわれており、欧州全体の1900人[27]（シリア入りを目指した米国人は150～250人、欧州人は

25 アルカイダのテロの標的は、あくまでも米国やその同盟国であり、オサマ・ビン・ラディンはこれらの敵を「遠い敵」、中東の王制政権などを「近い敵」と称し区別してきた。その考え方は、まずカリフによる国家を創設し徐々に世界に勢力を拡大するという「イスラム国」の戦略とは若干の違いがある（著者注）

26 TSG SOUFAN Report December 2015 8-10p Foreign Fighters

27 Nearly 7,000 European foreign terrorist fighters left for Syria, Iraq since 2013 (Daily Sabah War on Terror Oct 4, 2016)

28 ヌスラ戦線、「我々はアメリカからの支援を受けている」と主張（PARS TODAY 2016.09.28)

29 12月2日、米国カリフォルニア州サン・バーナーディーノでの障害者支援の福祉施設「イ

約７０００人）規模と比べてかなり少ない。米国に帰還した外国人戦士の中で、現在6人が収監中といわれるが、この中で帰国後に母国に対してテロを計画した者は、判明している限りではただひとりである。さらに、米国捜査当局は、「２０１６年3月以前にシリア入りを計画した米国人の若者94人のうち、71パーセントは渡航前に逮捕されており、実際にシリアにたどり着いたのはわずか27人であった」とし、さらに、「このうちの12人は同国での戦闘で死亡した」と発表している。興味深いことに、米国からシリアへの渡航に成功した者のほとんどは、「イスラム国」ではなく、アルカイダ系のヌスラ戦線に参加したといわれている。[28]

このように、米国捜査当局は、シリアへの渡航者及び帰還者に関する情報を詳細にわたって把握しており、彼らがもたらす脅威には効果的に対応できるとの自信を深めている。

むしろ、捜査当局が警戒を強めているのは、テロリストのウェブサイトやSNSなどのソーシャル・メディアであり、テロ組織から直接、間接に影響を受け、自己過激化したホームグロウン・テロリスト、または単独か少人数でテロを実行するローン・ウルフの脅威である。２０１５年12月にカリフォルニア州サン・バーナディーノで起きた銃撃事件[29]と、２０１６年6月のフロリダ州

ンランドリージョナルセンター」で、重武装した3人の犯罪者が起こした銃乱射事件（ロイター 2015.12.3）

オーランドでの銃撃事件は、9・11テロ事件以降、15年経過して最大の死傷者を出すテロ事件となり、警察は事前に情報が入手できず、事件発生前の摘発が困難な事件であった。また、テロリストは、国内で比較的容易に殺傷力の高い強力な銃を入手できるため、製造中に爆発する可能性のある危険な爆発物を使用するよりも、標的の立地、状況によっては、大量の犠牲者を出し得る銃乱射という手法を好んで選択する傾向がある。ただし、「イスラム国」やアルカイダは、隙さえ見せれば、再び9・11クラスの大規模テロを実行しようと虎視《こし》眈々《たんたん》と狙っており、守る側は、決して同じ轍《てつ》を踏んではならず、油断は禁物である。

他方、欧州やアジアでも、既に多くの外国人戦士が母国に帰還し始めており、しかも、彼らはテロリストの本拠地と連絡する有効な手段を有し、本部からの直接の指令を受けていると考えられることから、引き続き高度の警戒と関連情報の収集、情報共有体制の強化が求められる。

5 テロリストの戦場と化すトルコ

30 トルコのイスタンブールにあるアタチュルク国際空港で、2016年6月28日、3人のテロリストが空港に乗り込み銃を乱射した後自爆。犯人を含む48人が死亡、240人が負傷。実行犯の3人はロシア・ウズベキスタン・キルギスの出身であると判明

31 クルド人は現在のトルコ、イラン、イラク、シリア、アルメニアの隣接する国境の山岳地帯に分布し生活している少数民族。国家を有しないため、各国で分離・独立運動を展開

32 Pkkは主にトルコで分離・独立運度を進めるゲリラ組織で米国務省の外国テロ組織(FTO)に指定されている。トルコ政府とは停戦していたが、再びテロ攻撃を行うようになっている

トルコ・イスタンブールのアタチュルク国際空港で、2016年6月28日、3人のテロリストによる無差別殺戮型のテロ事件が発生した。[30] 3人のうちのふたりは、空港内のロビーで、他のひとりは空港駐車場付近で銃を乱射し、その後に3人とも自爆した。同年6月末現在の現地マスコミ報道等によれば、同テロ事件の死傷者数は、死者44人、負傷者240人に以上に達したとされる。犯行声明は出されていないものの、テロリストが空港を標的にしたこと、及び銃の乱射と自爆を併用していることなどから、トルコ当局も、「イスラム国」の犯行に間違いないものとみている。

トルコは、国内ではクルド人問題[31]を抱え、特に、「クルド労働者党[32]」（PKK）とは2年間の停戦を破棄して以降、激しい戦いを展開しており、PKK関連のテロも頻発している。クルド人の分離・独立を目指しているPKKは、基本的には、警察官、軍人、政府関係者等をテロの対象にしており、外国人観光客や一般市民を標的にするケースは少ない。

トルコ政府は、2015年7月、有志連合の一員として、シリア

トルコ・イスタンブールの旧市街にあるブルーモスク。2016年6月7日、旧市街で機動隊の車両に対する車両爆弾テロが発生し、11人が死亡、36名が負傷した。3日後、クルド労働者党の関連組織、「クルド解放の鷹（TAK）」が犯行声明を出した。イスタンブールでは、同年1月にブルーモスク付近の広場で、3月には新市街で爆発事件が発生し、それぞれ外国人が12人、4人が死亡する爆弾テロ事件が発生している

の「イスラム国」への空爆を開始し、同時にイラク国境周辺のPKKへの拠点に対しても爆撃を始めた。さらに、米国ほかの主要連合国に対しても、「イスラム国」を含むテロリストへの攻撃のために自国の空港使用を認めていること[33]から、特に、空爆開始以降、「イスラム国」やPKKによる報復テロが多発しており、国内の治安が脅かされている。

トルコにおけるテロの発生状況をみると、2016年1月以降の半年だけでも50件以上発生しており、そのうち、PKK及び「クルド解放のタカ[34]」と称するクルド人過激派組織によるテロが約80パーセントを占めている。一方、「イスラム国」は、犯行が疑われる事案も含めて10件（20パーセント）程度であるが、「イスラム国」は、シリア内戦に絡むシリア側からのロケット攻撃、シリア・トルコ国境周辺のクルド人コミュニティへの攻撃を行っているほか、イスタンブールなどの大都市の観光地で無差別テロを行う傾向があり、特に後者は、一般市民や外国人観光客にとっては大きな脅威になっている。トルコは、テロの脅威のほか、現在170万もの大量のシリア難民を抱え、彼らの欧州への移動の中継点、あるいは一時滞在地となっているため、日々膨大な

トルコ・イスタンブールのHSBC銀行支店。2003年11月15日、同市の英国総領事館とHSBC銀行がアルカイダの自爆テロで攻撃された

負担を強いられており、また、治安の悪化も懸念されている。

6「イスラム国」のバングラデシュ進出が確実に

2016年7月1日夜、バングラデシュの首都ダッカで、外国人が集まるレストランに武装グループが押し入って人質を取り、日本人7人を含む外国人ら20人が殺害されるという事件が起きた[35]。現地報道によれば、死者20人のうち、18人は外国人であり、日本人が男女7人、イタリア人9人、米国人ひとり、インド人ひとりが含まれていた。状況から判断する限り、テロリストが特に日本人を標的にしていた様子はうかがわれない。一方、犯人は、いずれもバングラデシュ人と発表され、警察部隊により6人が射殺され、ひとりが拘束されたといわれる。

バングラデシュでは、2014年6月の「イスラム国」建国宣言以来、「イスラム国」が犯行声明を出したテロ事件が何件も起きており、2015年10月に日本人男性が射殺[36]された際にも、「十字軍の同盟国である日本国民を殺し

33　シリアのイスラム国ほかを攻撃している有志連合に参加しており、またNATOのメンバーでもあることから、同盟諸国に国内のインジルリク空港の使用を認めている

34　2004年頃から「クルド解放のタカ」（TAK）を名のる組織がイスタンブールを中心に自爆テロなどを実行

35　イスラム教の断食月・ラマダンの夜、バングラデシュの首都ダッカにある飲食店が武装グループに襲撃された。イスラム国が犯行声明を出す

36　バングラデシュで農業に従事していた日本人男性が殺害され、「イスラム国」が犯行を自認（AFP　2015年10月13日）

た」と「イスラム国」が犯行を自認している。

「イスラム国」は、現在、シリア、イラクでの戦闘において極めて厳しい戦いを強いられ、敗走を余儀なくされているため、最近では、欧州、北アフリカ、中東諸国、アジア諸国等に兵力を分散させ、国外に新たに拠点を構築するという作戦に出ている。[37]バングラデシュにも、既に「イスラム国」の支部が創設されているといわれ、7月1日のダッカのレストラン襲撃事件は、これを明確に裏付ける形になった（ただし、バングラデシュ政府は、自国への「イスラム国」進出を認めていない）。

バングラデシュでは、いくつかのイスラム過激派組織が把握されているが、中でも、「ジャマート・ウル・ムジャヒディン・バングラデシュ」（JMB）[38]は、2005年に首都ダッカを含む63県で連続爆弾テロを起こすなど、極めて危険な活動を展開しており、さらに、同組織は、「イスラム国」に忠誠を誓い、同組織の配下に入って支部としての活動に専心していると考えられる。したがって、「イスラム国」の犯行声明の裏に、JMBの暗躍があることも十分に考えられる。また、2015年に出された「イスラム国」のウェブマガジン『ダービク』12号には、「イスラム国」に忠誠を誓う組織としてJMBのリーダー及び組織の活動が紹介されている。[39]

37　イスラム国は、数年後に西アジア、北アフリカ、スペイン、中央アジア、インドから中国・新疆ウイグル自治区までを占領する計画を立てていた

38　1998年にバングラデシュをシャリーアに基づく国家にする目的を持って設立されたイスラム過激派組織。国内で爆弾事件等を起こしている（公安調査庁『国際テロリズム要覧2016』）

39　公安調査庁『国際テロリズム要覧2016』390〜391P

40　欧州で発生しているテロの多くはシリアから偽装難民として侵入したテロリストによって実行されている（著者注）

7　諜報戦を彷彿させるテロリストとの戦い

テロリストとの戦いを効率的に進め、いかに味方の犠牲を少なくし、テロリストせん滅に向け大きく打撃を与えていくためには、敵の出方をよく研究し、次なるテロを未然に封じ込めていく必要がある。それを保障するものは、敵に関する正確な情報（諜報）であるが、テロリスト側も、治安機関を欺くために様々な情報戦に力を入れている。本書第1章に掲げた通り、テロリストのマニュアルには、敵に関する情報入手の重要性、味方の動きを警察に知られないためのテクニック、リクルートの対象に関する注意事項等、テロ計画が事前に発覚しないための様々な手だてが記されている。テロの最終段階が自爆であっても、目的を達成する前に警察に捕まってしまうのは、彼らにとっては耐え難い屈辱であろう。それでは崇拝する彼らの神との約束を果たせないからである。

シリア難民の欧州流入問題は、常に水際で苦闘しているテロリストにとっては、この上もない有利な条件を提供していた。[40] すなわち、テロリストは、敵の懐深く潜り込むために、シリア国内の主要な占領地から数千枚もの真正ブランク旅券等を盗み出し、本物と寸分も違わない偽造旅券を造り上げ、欧州ほかへのテロリストの潜入を可能にしてきた[41]。欧州の寛容な入国管理システムを最大限逆手に取り、いくつか大きなテロ事件を成功させてきた。また、テロを実行するに当たり、常に警察の動きを正確に把握し、警備の裏をかくことにも長けていた。政府・治安機関もその対応にてこずり、みすみすテロリストを取り逃がしてしまうという大失態も少なからず経験している。しかし、過去の失敗は謙虚に反省し、各国間の情報共有体制が大きく改善され、次第にテロリストの活動を封じ込める形になりつつある。

このように、特に、「イスラム国」が情報戦を重視し、テロに必要な情報を得た上で実行行為に及んできたのは、旧サダム・フセイン体制下で活躍したバアス党員[42]の中に、軍事及び情報の専門家が含まれ、彼らから情報のノウハウを得ていたためと考えられる。しかし、世界の60を超える先進諸国が一致協力し、技術、資源、資金を惜しげもなく投入してテロリストへの攻撃に集中している状況下では、もはや、一テロ組織の力量では、とても有志連合ほかの連合軍に抗しきれないであろう。そう遠くない時期に、「イスラム国」は崩壊するか、アルカイダのように急速に弱体化に向かうか、そのどちらかになる可能性

41 顔写真は別人でも旅券に記載されている身分情報が同じという旅券が何通も発見されている(著者注)

42 イスラム国最高指導者のアル・バグダディは、2004年に逮捕されイラクのキャンプ・ブッカ刑務所に収容されていたが、同刑務所で旧サダム政権の中心的存在だったバアス党の人物と知り合い、後にイスラム国に迎え入れたといわれる(The Gurdian 4 December 2015)

43 CAT IS Financing 2015 May 216 http://cat-int.org/wp-content/uploads/2016/06/ISIS-Financing-2015-Report.pdf

44 イスラム国の主要な資金源である石油の施設が空爆され、拠点を失う中で市民からの税金も激減し、うたい文句であった高給支給もままならない状態になっている

45 シリアやイラクでイスラム国に参加し、訓練を受け、組織

が高い。組織が左前になれば、メンバーの間にも動揺が見られるようになり、心も離れていくであろう。

有志連合軍は、世界で最も裕福なテロ組織から資金を奪い取る作戦に出て、「イスラム国」の資金ルートを破壊し[43]、遮断してきた。この作戦が奏功し、今や「イスラム国」は兵士に十分な給料も払えないほどの苦境に陥っているとの報道[44]もある。カリフ国での裕福な生活を夢見て、欧州、アフリカ、アジアからシリアにやってきた若者たちが、今になって組織に騙されたと感じ、組織からの離脱を意図しても、「時すでに遅し」である。母国に帰還できる外国人戦士たちは、「イスラム国」から完全に洗脳され、組織への強い忠誠心を持つ者に限られるであろう。また、彼らには、当然、母国での報復のためのテロ攻撃が指示されているであろう[45]。

8　今後も頻発する「イスラム国」、アルカイダによる報復テロ

「イスラム国」やアルカイダなどの国際テロリスト集団は、標的国の治安ばか

に忠誠を誓っている戦士たちは帰国後母国で数々のテロ事件を起こしている

りでなく、政治や経済状態をも混乱に陥れようとしている。特に、最近では、「イスラム国」は、シリアやイラクで軍事的に劣勢に甘んじており、2016年6月にイラク中部の最大拠点であったファルージャが陥落し[46]、その後もイスラム国が首都と定めていたシリアのアレッポ、イラクのモスルなどが、有志連合の空爆の援護を受けたイラク軍、クルド軍、シーア派民兵組織らの大攻勢を受け、組織自体が崩壊に向かっているといわれる中、「イスラム国」指導部は、苦境からの脱却を目指し、英国のEU離脱騒動、米国大統領選後の混乱を追い風にし、西側でのテロをさらに先鋭化させる可能性がある。

2015年11月のパリ同時多発テロ、2016年3月のブリュッセルでの同時多発テロ、2016年7月のフランス南部ニースでのトラックによるテロの手口を見れば明白であるが[47]、最近の「イスラム国」はテロの戦術を大幅に変えてきている。今までのような手ぬるい攻撃では、西側への報復が果たせないばかりか、組織の存続さえも危ぶまれるとの危機感を覚えているのであろう。したがって、「イスラム国」ほかのテロリスト集団が、今後、西側に対してなりふり構わぬ凄惨なテロを計画し、攻撃してくる可能性は排除できない。

46　イラクのアバディ首相は6月17日、過激派組織ＩＳ（イスラム国）が2014年から支配していた西部の都市ファルージャを奪還したと宣言（THE HUFFINGTON POST 2016.6.18）

47　フランス南部のニースで革命記念日の花火大会終了後、トラックで人の波に突っ込み84人が死亡し、202人の負傷者を出した

欧州圏で発生したテロの犠牲者数（2015.1 ～ 2016.7）

事件名	発生年月日	死者数	負傷者数	犯行主体
パリ同時多発テロ	15.11.13	137	368	イスラム国
トルコ・アンカラ自爆テロ	15.10.10	105	400	イスラム国
トルコ・スルチ自爆テロ	15.7.20	33	104	IS ローンウルフ
フランス・イル・ド・フランスのテロ	15.1.7	20	22	AQ/IS グループ
フランス・ニース・トラックテロ	16.7.14	85	300	IS ローンウルフ
トルコ・アタチュルク空港テロ	16.6.28	48	240	イスラム国
米国・オーランド銃撃テロ	16.6.12	50	53	IS ローンウルフ
ベルギー・ブリュッセル同時多発テロ	16.3.22	35	330	イスラム国
トルコ・アンカラ自爆テロ	16.3.13	34	125	クルド解放のタカ
トルコ・アンカラ自爆テロ	16.2.17	30	60	クルド解放のタカ

〈出典：Global Terrorism Index 2016〉

欧州圏で発生したテロの犠牲者数（2015.1 ～ 2016.7）

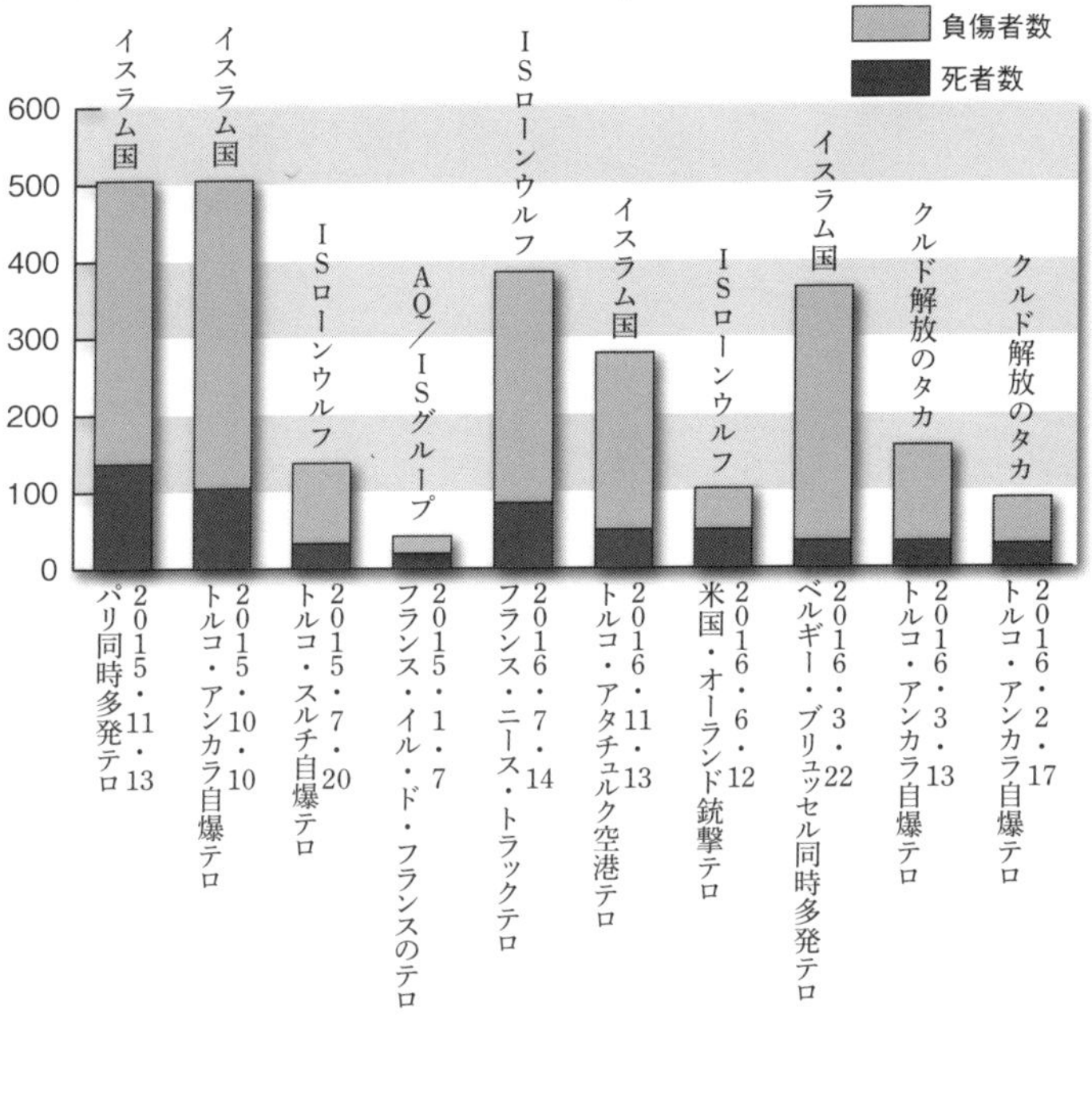

9 テロリストとの知恵比べ

テロでも犯罪でも、発生する前に警察が摘発できれば、罪のない人々が犠牲になることもない。こうした飽くなき探求が、あまた先進諸国の治安・情報機関に通信傍受[48]という「ゴッドハンド」を与えたのであろうが、最近のテロリストは、これら政府機関の切り札とも言える捜査手段にも十分対応できる手法を編み出している。「治安機関に知られてはならない」というのが、テロリストの絶対条件である。そのためには、彼らは考え得るあらゆる手段を使う。残念ながら、世界で発生しているテロを見ると、守る側がテロリストの手管《てくだ》に翻弄されてしまっている事例が実に多いことに気付く。この先もテロリストとの知恵比べ、根競べは果てしなく続くのであろうが、国民の生命・財産を守る側は、決して怯《ひる》んでいるわけにはいかないのである。

48 法務省が作成した「諸外国における通信傍受制度」によれば、米国、英国を始めとする先進国はほとんど通信傍受法を有しているがその執行には厳しい規制が設けられている。日本では、薬物、銃器、集団密航、組織犯罪（殺人）のみを傍受の対象としている

第5章　「イスラム国」による日本攻撃の可能性

現在、世界で最も恐れられ、警戒されているテロ組織である「イスラム国」は、自組織の撲滅を狙う西側諸国及びアラブの主要国に対する報復に燃えている。２０１４年8月から開始された連合軍によるイラクの「イスラム国」への空爆開始以来、同組織は西側への復讐を宣言していたが、２０１５年7月からトルコが、同9月からロシアが「イスラム国」への空爆[1]に加わると、西側に対しては、これまでのローン・ウルフによる小規模な攻撃から、一時期のアルカイダを彷彿《ほうふつ》とさせるような大規模な無差別テロへと戦術を転換させた。その実例が、フランス・パリ（２０１５年11月13日）及びベルギー・ブリュッセル（２０１６年3月20日）で発生した無差別大量殺戮テロであり、さらには、エジプトのシナイ半島上空でロシアの民間航空機を爆破・墜落（２０１５年10月31日）させたテロ事件となって現れた。今後も、シリアとイラクからの帰還者をテロ要員として使い、欧州、米州、アジアなどでテロを敢行する可能性が指摘されている。

パリとブリュッセルのテロで注目されたのは、「イスラム国」のテロリストが自分たちで製造したと思われる爆弾を使い[2]、罪のない一般市民を標的に殺戮

1　イスラム国の野戦司令官アル・シシャニ（チェチェン人）は、イスラム戦士１０００人を連れてロシアに復讐すると宣言（『Wedge』）

2　手製爆弾のＴＡＴＰを製造しテロに使用

3　ベルギーのイスラム人口は約65万人で全人口の６％、フランスは全人口６６００万人（２０１３年）の７％、４６０万人（盛田常夫「欧州におけるイスラム系『難民』・『移民』問題を考える」）

4　景気低迷が続く欧州の青年失業率は20パーセントを超える。景気低迷の苦痛は少数者にはよりいっそう過酷であり、イスラム教徒の青年の失業率は平均青年失業率の倍以上も高いと把握されている（中央日報2014.8.28）

を行ったことである。

1　使われた爆弾は「悪魔の母」

欧州における有志連合国の主要メンバーであるフランスとベルギーが真っ先に「イスラム国」による報復テロの洗礼を受けたのは、両国が、欧州では最もテロに狙われやすい条件を備えていたためと考えられる。フランスとベルギーには、中東やアフリカ諸国からのイスラム移民が多く居住し[3]ており、特に移民2～3世は現地社会から差別され、疎外されているとの思いが強く、現地社会に恨みや不満を抱くものが多いといわれる。移民の子孫たちは、場合によっては40パーセントにも達する失業率[4]に悩まされており、職もなく、麻薬密売や窃盗、強盗などの犯罪に手を染める若者も多い。「イスラム国」などのテロ組織が、ソーシャル・ネットワーキング・システム（SNS）等を駆使し、彼らの不満を刈り取る形で各国のイスラム・コミュニティに入り込み、テロリスト予備軍のリクルートを行うというのは、むしろ自然の成り行きだったのである。

現地警察による事件後の捜査や政府発表等によれば、実行グループのうち、首謀者とみられる数人は、過去、複数回にわたってシリアに滞在し、現地のテロリスト・キャンプで軍事訓練を受けるなどし、テロリストとしては高度な技術を身に着けていたといわれる。[5] 実際、両国でのテロで使用された爆発物は、彼らが自前で製造したＴＡＴＰ[6]（過酸化アセトン［acetone peroxide］）であった。ＴＡＴＰは、テロリストの間では「悪魔の母」として知られており、２００５年７月（英国グレンイーグルス・サミット開催中）にロンドンの地下鉄ネットワークとバスを攻撃したテロ事件[7]（56人死亡、約５００人負傷）でも使用された。今回のテロでＴＡＴＰが使われたのは、製造法が比較的容易であり、爆発の威力もＴＮＴ火薬とほとんど変わらない（80〜90パーセント）ためであったろう。また、ＴＡＴＰは、爆発物探知機に反応しやすい窒素系化合物を含んでいない（ＴＡＴＰは水素、酸素、炭素の化合物[8]）ことから、空港の荷物検査や検問などでも発見されにくく、さらに、（自前で製造したため）国外から現物を持ち込む必要がなかったことで、現地警察及び治安機関にも摘発されにくいというメリットがあった。

ただし、ＴＡＴＰは、熱、衝撃、摩擦などを加えると容易に発火し、爆発する極めて不安定な爆発物であり、このため、軍事目的で使用されるケースは稀

5　フランスのテロ対策当局筋は、パリで起きた同時多発テロの首謀者とされるアブデルアミド・アバウドがシリアでの容疑者戦闘員訓練の教官のであったことを公表している（CNN 2015.11.19）

6　素人でも簡単に製造できるが、危険度も高い。ＴＡＴＰの探知技術の開発が進められており、既に実用化している装置もある（Business Insider Nov.16,2015）

7　ロンドンの地下鉄・バステロ事件ではテロリストが自己資金でテロを実行した

8　ＴＡＴＰは金属探知器・爆弾探知機に反応しないが、不用意に取り扱うと実験室で爆発事故を起こし、四肢の切断や失明などの重大事故が数多く報告されている

9　What The Bombs Used In Brussels Reveal About The Attacks Authorities also found chemicals used to make TATP,

である。イラクやアフガニスタンの戦場でも軍用ではほとんど使用されることはないといわれている。しかし、テロリストの間では、右記の理由からしばしば重用され、これまでに、ロンドンでのテロ（２００５年７月）のほか、２０１５年11月のフランス・パリ、２０１６年３月のベルギー・ブリュッセルでのテロでも使用された。ブリュッセル空港でのテロでは、犯人は自爆ベストを着用せず、スーツケースに爆弾を詰めて犯行に及んだが、これは、ＴＡＴＰが振動や衝撃によって偶発的に爆発することを避けるためであり、爆弾をスーツケース内に固定していたためであろう。

なお、ブリュッセルでの爆弾テロの直後に、警察がテロリストのアジトのアパートを捜索したところ、ＴＡＴＰの製造に使用されたと思われるアセトンの残りが約１５０リットル発見された。[9]

2　TATPの製造

ＴＡＴＰを製造するために必要な材料は、市中の薬局やホームセンターなど

including 150 liters of acetone and 30 liters of hydrogen peroxide, nails and screws, an Islamic State flag (The World Post 03.23.2016) http://www.huffingtonpost.com/entry/bombs-brussels- attacks_56f2a25fe4b0c3ef52174c1d

で売られているごく一般的なものであり、これらを購入したところで周囲から不審に思われる危険性は低いとされる。日本語表記で「過酸化アセトン」という通り、消毒液として使われるオキシドール（過酸化水素水。市販のものは通常濃度3パーセント程度）や美容院で使用する頭髪の脱色剤、マニキュアを落とす除光液（アセトン）などを調合して製造する爆弾である。慎重を期して、これらの材料を少量ずつ、複数の店で購入すれば、周囲から不審がられることはないとテロリストは言及している[10]。

なお、主にイエメンで活動する「アラビア半島のアルカイダ」（AQAP）は、ウェブマガジン「インスパイア[11]」（2011年夏号［Issue 6］）の中に、「Open Source Jihad: Bombing School」と銘打ち、写真を使用してTATPの製造法を詳述している（本稿では、諸般の事情からTATPの具体的な製造方法については触れないこととする）。AQAPは、TATPに関する注意事項として以下のように記述している。

◉TATPの優位性

製造が容易であること
材料も簡単に集められること

10 テロリストのマニュアルでもこのことを言及している
11 その他、TATP、PETNの製造法については数々のウェブサイトがある

◉不利な点

過酸化アセトンは、室温で保管しても揮発性が高く（劣化も早い）、製造後時間を空けないで使用するべきであること

摩擦、熱、炎、衝撃に敏感であり、意図しない時期に爆発してしまう可能性があること

主火薬としては、他に爆発物がない限り使用しない（通常は点火剤として使用）

◉TATPの特徴

白い結晶の粉末

水には溶けないが、アセトンには溶ける

炎を近づけたり硫酸を滴下しただけで発火する

爆発の威力（速度）は、秒速3700～5200m（TNTは、秒速6000m）

主に起爆用の火薬（デトネーター）として使用

繊細で爆発しやすいため少量ずつ製造する

◉材料の集め方

過酸化水素

過酸化水素には多くの用途があり普通、傷口の消毒薬として薬局のカウンターやドラッグストアで販売している。市販のものは通常、濃度は3〜6パーセント程度である。また、過酸化水素は、ヘアサロンで髪を脱色する際にも利用されており、これには、6パーセント、12パーセント、18パーセントのものがある。爆弾として使用するには、さらに高濃度に濃縮したものが必要になるが、高濃度のものは一般には入手が困難である。純粋の過酸化水素は、揮発性が高く、極めて不安定で爆発しやすい。純粋の状態の過酸化水素は、ロケット燃料としても使用されている。一定の濃度以上であれば、小麦粉や倶子（クコ）[12]などの黒い種と混ぜ合わせて主火薬を作ることができる。

アセトン

アセトン[13]は、透き通った揮発性の液体であり、強い臭気を放っている。揮発性が高いため、密閉容器に保管する必要がある。アセトンは、強力な溶剤であり、工業施設の現場などでは広く活用されている。米国では、アセトンは最も多く製造されている工業用化学物質のひとつである。美容院のカウンターやホームセンターで購入することができる。美容院では、主にマニキュアを落とす除光液として使用されている。しか

12 クコの実はゴジベリーとも呼ばれ中華料理やドライ・フルーツの食材として、また漢方薬としても使われる。テロリストはクコの実を火薬の代わりにして爆弾を作る

13 どこにでも販売している物質であるが、テロリストが爆弾製造に使用する場合は一定以上の分量が必用となるため、小売店も業界のネットワークを構築し、不審性がある場合には即座に警察等に連絡できるようにすることが望まれる

し、除光液でも、成分説明のラベルにアセトンが含まれているかどうかをしっかり確認する必要がある。最近では、アセトンの代わりにアセテートを使用している除光液もあるので注意する。

その他

TATPを製造するには硫酸が必要であるが、これは自動車のバッテリーに入っている希硫酸で事足りる。しかし、不純物が混じっている可能性もあるので、なるべく新しいものを使う。この希硫酸を元の10分の1の量になるまで煮詰め、濃硫酸を作る。そのほか、排水管洗浄剤も使用可能である。硫酸の代わりに塩酸を使うことも可能である。塩酸も排水管洗浄剤として使用され得る。

3　我が国に対する「イスラム国」の姿勢

ここまで、欧州を攻撃した「イスラム国」のテロリストが、自らTATPを製造し、使用したことを縷々《るる》述べてきたが、それは、彼らが、このTATPを使用して我が国を攻撃する可能性を追究するためであった。この点について、以下のように考察する。

（1）「イスラム国」が我が国を攻撃すると宣言

「イスラム国」は、組織のウェブマガジン『ダービク』7号において、「日本政府による十字軍支援の決断により、これまではイスラム国の攻撃対象としては優先度の低かった日本ではあるが、今後は、世界のどこであろうと、日本国民、日本権益を発見次第、我々の戦士、仲間による攻撃の対象となった」と日本攻撃を宣言した[14]。「イスラム国」は、まずは狙いやすい日本国外の外交公館、ビジネス権益を標的にすると警告しているが、今後も、我が国では、様々な国際イベントの開催が予定されており、これらの安全開催を確保するために高度の警戒が必要となる。

他方、「イスラム国」は、最近、有志連合国の空爆や、シリア軍、クルド人武装勢力等の攻勢により、劣勢を余儀なくされているとみられ、かつて占領した地域からの撤退事案も数多く報告されている。「イスラム国」にとって最も深刻な問題は、空爆などで原油の密輸が阻止されつつあり、一挙に財政難に

14 Prior to Abe Shinzo's thoughtless pledge of support for this crusade, Japan was not on the list of priorities to be targeted by the Islamic State, but through Abe Shinzo's foolishness, all Japanese citizens and interests-wherever they may be found-are now a target for the soldiers and patrons of the khilafah everywhere. (Dabiq Issue 7)

15 Turkey cracks down on oil smuggling with ISIS in mind (AP October 6, 2014) http://www.cbsnews.com/news/turkey-cracks-down-on-oil-smuggling-with-isis-in-mind/

16 The real terror threat in America is homegrown (CNN June 13, 2016)

陥ってしまっていることである。[15]

「イスラム国」は、シリアとイラクでの軍事的劣勢から逃れるように、国外での拠点建設を進めており、これまでシリアのラッカに定めていた首都を、リビアに移転させる計画を進めているといわれ、この実行に向けて既に数千人規模でリビアのシルトに戦士を移動させているといわれている。リビアばかりでなく、大規模テロが発生した欧州を始め、中東、アフリカ、アジアにも「イスラム国」のメンバーとして育て上げられた戦士が続々と帰還しており、彼らによる母国でのテロが警戒されている。

「イスラム国」もアルカイダも、テロの手口に関しては基本的に一致しており、ホームグロウン・テロリストの活用を重視している。[16] 欧州で発生しているテロは、まさにこのパターンであり、我が国にもホームグロウン・テロの脅威が高まっていることも事実であろう。「イスラム国」は、これまで、日本国内での国際イベントを攻撃するとまでは言及していないが、チャンスがあれば必ず攻撃を仕掛けてくるであろう。

(2)「イスラム国」による日本攻撃のシナリオ

テロリストが自分の力を世界に誇示するためには、様々な方法があろう。過去にテロを起こした実績(?)があれば、声明等でテロ攻撃を予告・警告するだけで、その効果は絶大なものになる。標的にされた客体は、膨大な費用と人員を投入しての警備を余儀なくされる。しかし、いまや、有志連合諸国にこれほどまでに痛めつけられている「イスラム国」の憎悪は異常なほどに高揚しているとみられ、組織の消耗を覚悟してまで自爆を含む報復テロを敢行している。本音では、せっかく育て上げたホームグロウン・テロリストを温存したいところであろうが、西側に対する憎悪がこれを上回っているということであろうか。パリとブリュッセルだけでは、彼らの怒りは収まらないであろう。

そこで、我が国への攻撃の可能性であるが、テロリストが我が国に入国すること自体、そう簡単ではないであろう。国際協力によるテロ関連情報共有の体制も急速に進展しつつある。しかし、テロリストを特定するためには微妙な問題も絡んでくるため、まだ完璧という段階にまでは達していない。つまるところ、テロリストの入国を水際で食い止めるには、基本的にはその国の責任で行う必要がある。少なくとも、銃器や爆発物の持ち込みだけは阻止しなければな

17 我が国では2017年3月現在、ボディ・スキャナーが導入されている空港はない

らない。我が国の国際空港にも様々なハイテク機材が導入され、過去にテロリストが成功させた手口は大幅に封じ込められつつある。こうした状況にテロリストの側も早くから気付いており、入国する空港の選択や、空港の検査をすり抜ける様々な技術を開発してきた。攻める側と守る側のイタチごっこの感は否めないが、双方とも攻防に必死になっていることは間違いないであろう。

今、テロリストにとって厳しくなった先進諸国の水際対策を潜り抜けるための新たな手口として注目されていることは、前段でも言及した通り、テロリストが、入国後に自らＴＡＴＰなど自家製の爆弾を製造し、自らテロを行うという戦法である。[17]テロリストは、「武器を持ち込むことが難しければ、旅行者として身一つで入国し、現地で秘密裏に材料を買い集めてＴＡＴＰを製造し、テロを敢行しろ」との指示を出していた。これが忠実に実行された例として挙げられるのが、２０１３年4月にボストン・マラソンのゴール近くで発生した爆弾テロ、そして、パリとブリュッセルで起きた大量殺戮テロであろう。欧州や米国では、銃器類は比較的容易に入手できるが、この3つのケースでは、テロリストが自前で作った爆弾が使用されている。ボストンでは、チェチェン出身の兄弟が、ＡＱＡＰのウェブマガジン「インスパイア」を見て圧力鍋爆弾を製造し、爆発させて3人を殺害、３００人近くを負傷させた。欧州のふたつの事件は同一のグループの犯行とみられ、同じアジトでＴＡＴＰを製造した可能性が高い。インターネットのサイトを見れば、爆弾の製造法が書いてあり、誰でも製造が可能である。特に、ＴＡＴＰは、素人でも容易に製造できるということで、テロ組織もＴＡＴＰを推奨しており、ウェブマガジンにＴＡＴＰ及びその他の爆弾の製造法とテロ戦術の詳細を記載し、前記のように、先進国でのテロの手法を教授しているのである。こうなった場合、我が国はこの種のテロを防ぐ手立てとしては、爆弾の材料となる物質の管理体制を強化し、通常の目的以外で使用する可能性のある購入者の徹底追及を行う以外に方法はないであろう。ここでは、若干の人権問題、プライバシーとの関わりも出てくるであろうが、我が国では、警察や治安機関に対する国民の信頼度が高いという利点があり、市民の協力も得やすいものと思量する。

このように、日本本土でのテロは、国内にホームグロウン・テロリストが育たない限り容易ではないが[18]、国外となれば話は別である。日本攻撃は、国外で行われても、彼らは声明通りに日本を攻撃したことになり、十分に面子は保たれるのである。我が国では、いまのところ反テロ法のたぐいは存在していないが、国内の危機ばかりでなく、海外の外交公館、ビジネス権益の安全も確保する必要があることは自明の理であり、さらに警戒を強める必要があろう。ま

18　日本にもシリアに渡航しようとした若者がいたが、今後も密かにリクルートされてイスラム国に合流する日本人がいないとは断言できない

19　テロ対策は個人個人が高い意識を持って臨み、自分自身を護りきるという気構えが必要

20　１９７２年のミュンヘン五輪、１９９６年のアトランタ五輪

た、海外旅行者、ビジネスマンは、常にテロリストの目が光っていることを自覚し、自らの安全を守るための準備をしておかなければならない[19]。

(3) 我が国最大のイベント、東京オリンピックへの警戒

世紀の祭典であるオリンピック、パラリンピックには、海外から夥《おびただ》しい数の観戦客が入国し、競技の様子も世界中のメディアが取り上げる。そうした瞬間に大規模なテロを引き起こせば、テロリストは世界中に自分たちの力と存在感を誇示でき、自らの思想の正統性を示すことができると考えるであろう。過去、オリンピックは何度かテロの標的にされてきたが[20]、いずれの大会でも、警備に費やした費用は膨大な数字に上るといわれる。それは、開催国のプライドが懸かっているからであり、これまで先進国を中心に開かれてきた五輪開催国の最低限の務めである。しかし、五輪の警備は極めて難しいのも事実である。東京オリンピックは、２０２０年に開催されるが、テロリストから見れば狙いやすい標的であろう。テロリストが先進国の面子を潰し、復讐を果たすためにテロを計画するとしたら、どのようなシナリオになるであろうか。

我が国は、テロリストにとって、いわば難攻不落の牙城である。入国管理は

厳格であり、空港に設置されている機材は、少なくとも先進国の水準のものがそろっている。そして、何よりも、欧州や米国と比較して武器の入手が極めて困難である。テロリストは、計画を実行するために、あらゆるハードルを乗り越えなくてはならない。旅行者やビジネスマンを装って入国できたとしても、テロ準備の段階で彼らを支援してくれる現地の協力者がいない[21]。また、日本の公務員で、テロリストに籠絡《ろうらく》されて協力する者は皆無と言ってよいであろう。

そうであるならば、「イスラム国」やＡＱＡＰが訴えているように、テロリストが自らインフラを整え、秘密裏に材料を調達して爆弾を作り、自らテロを実行する以外に方法はないであろう。恐らく、「イスラム国」などは、日本にテロのインフラを作るために様々な方向からアプローチしてくると考えられるが、それも、日本文化や日本語の特殊性から思うような進展は得られないであろう[22]。

ここで指摘しておかなければならないことは、テロリストの戦法の中に、スリーパーを送り込み、潜伏させて何年もかけてテロの準備を行わせる方法があることである。１９８９年８月にケニアのナイロビと、タンザニアのダルエスサラムの米国大使館をほぼ同時に爆破したアルカイダの戦術がこれに該当する[23]。また、２００１年の９・11米国同時多発テロも、何年も前から周到に準

21　9・11同時多発テロを立案したハリド・シェイク・モハメドはグアンタナモ収容所の尋問でこのように供述したといわれる（著者注）

22　イスラム過激派の宗教と東洋の仏教とは大きな違いがあり、日本社会でイスラムが隆盛を極めるには膨大な時間がかかる。ましてや日本語の難しさはイスラム過激派の日本進出を躊躇させるのに大きな効果がある（著者注）

23　アルカイダは、東アフリカのテロには4年以上の歳月をかけ、9・11でも最初に到着したふたりのハイジャック犯が入国してから1年9か月かかっている

24　開催の何か月か前に東京五輪攻撃の声明が出た場合はかならず我が国でテロを起こすための動きが見られよう。政府・民間が一丸となって阻止すべく協力し合うべき

25　テロリストはテロ計画が事

備され、テロリストが米国で飛行機の操縦訓練（旅客機についてはシミュレーターで訓練）を行っていたことも記憶に新しい。スリーパーについては第7章で詳述する。

　この戦術は、もはや古典的なものであろうが、まずは現地社会への溶け込みが優先されることから、地元の警察や一般市民に必要以上に警戒される可能性も低いであろう。それこそがテロリストの狙い目であろう。その意味で、テロリストが日本本土への攻撃を真剣に考えるのであれば、時間をかけ、標的も数年後に据える可能性がある。まさに、２０２０年の東京オリンピック、パラリンピックが標的にされる可能性がここで浮上してくる。[24]

　テロリストは、テロを成功させるために、あらゆる手を使ってくる。警察や治安機関の裏をかき、思いもよらない方法でテロを仕掛けてくる。テロリストは、治安機関がどのような動きをしているか、密かに監視し、警察無線も傍受し、警備をすり抜けようとする。また、自分たちの通信が傍受されていることを十分承知しているため、市販の暗号ソフト[25]を使用したり、仲間同士の連絡をなるべく控えるようにしている。最近起きているテロの実行犯に、兄弟や夫婦が多く含まれているのも、テロリストの戦術として、組織の秘密が漏れないように、さらには、通信の必要がない身近な人間同士で細胞を構成しているため

前に発覚しないよう暗号ソフトで連絡し合っている。テロの事前摘発が難しいひとつの理由になっている（著者注）

であろう。

4 日本人の意識改革と高度技術の導入

「日本だけはテロは起きない」という考えは、もはや妄想に過ぎない。テロリストは、日本を攻撃すると宣言したからには、必ず実行するであろう。それが日本国内なのか、国外の日本権益なのか定かではないが、我々は、どこにいても、絶えず周囲に気を配り、危機が迫れば即座にそれを察知し、適切な対応をとる必要がある。スポーツ観戦や劇場でのコンサート等、人々の緊張感が最も弛緩《しかん》しているような瞬間を狙ってテロリストは襲ってくるのである。

それでは、いかにしてテロリストによる襲撃を未然に防いだら良いのか。それには、テロリストの計画を事前に知ることが何よりも重要である。[26]事件が起きてからでは、犯人を逮捕することはできても、犠牲になった人々の命を蘇らせることはできない。

先進国では、かつて、偵察衛星からもたらされる情報に頼りすぎ、情勢分析

26 西側先進国は、テロ阻止のために通信傍受の手段を用い、過去には大きな成果を上げてきたが、最近ではスマートフォンやその他の手段で連絡しないケースが増え、または暗号通信をしているため、これまでの神話は既に過去のものになりそうである。新たな情報ソースが必要となる

27 これまでは、テロリストの計画を知る手段としては、ほとんどのケースで通信傍受に頼ってきたが、テロリストもそのことに気付き、傍受されても解読が難しい暗号通信に切り替えるようになっている。かなり高性能で安価な暗号ソフトが一般に市販されている。したがって、テロリストの動向を事前につかむには、人的情報源を使うか、暗号解読の手段を講じる必要がある

28 実用化し、本格導入すれば、人の集まる場所や空港などで不審者を発見できる。アイデア自体は素晴らしいが、現状ではなお改良が必要である

に正確性を欠いたという反省から、機械への過剰依存を避け、代わりに人的情報（Humint）を重視する方向にシフトしつつある。しかし、相手組織の中に有力な情報源を設定するには、想像を超えるエネルギーと資金が必要となる。テロリストの摘発については、いまだに通信情報（Sigint）に頼るケースが多いといわれるが、これには法的障壁もあり、また、パリやブリュッセルのテロでも、危機は予想されたものの、訓練に裏打ちされたテロリスト側の知恵もあって事前摘発できなかった。すなわち、治安機関の最大の武器であった通信傍受にも、そろそろ限界が見えてきた感がある。[27]

しかし、最近では、民間ベースで様々な優れもののＩＴ機器が開発されており、これらがさらに改良され、必要な場面で活躍できるようになれば、テロの事前摘発の件数も格段に増える可能性がある。顔認証システム、バイオメトリックス、不審行動探知システム等[28]は、日本が世界に誇れる技術であろう。多少のコストはかかっても、人的情報源拡大の努力と並行して、人の五感で感知できない科学の力を活用した、より効果的なテロ対策を早急に導入し、テロの魔手から市民の安全を図っていくべきではなかろうか。

第6章　自爆テロの脅威

近年の国際テロリズムを語るうえでは、テロリストによる自爆攻撃を語らないわけにはいかないであろう。自爆テロとは、文字通り、自らの命と引き換えに敵に可能な限りの打撃を与え、敵に物理的に大損害を与えると同時に、いつ自爆テロに襲われるかと相手方に不安を与え、恐怖に陥れるものである。守る側にとってはこれほど厄介なものはない。自爆テロの形態には、自爆ベルト、あるいは自爆ベストに爆弾を詰め込み、標的の目の前まで接近して爆弾を炸裂させる方法と、車両に大量の爆弾を搭載し、テロリストが運転して標的に突入するという方法がある。また、テロリストが自ら爆弾に点火する場合もあれば、何も知らない子供や女性を騙して爆弾を持たせ、標的に接近させたところを別人が遠隔操作で起爆させるというパターンもある。自爆テロの究極は、何といっても、第3章の「航空機テロの脅威」でも触れた9・11米国同時多発テロ（2001年9月）であろう。

過去、度重なるテロ攻撃に悩まされてきた西側諸国、中東諸国の政府、治安・情報機関などが、1970年代ころから、国連や国際会議を通じて協力体制を強化し[1]、テロの封じ込めに取り組んだ結果、テロリスト側にも、その戦

1　国連安保理、サミット会議等により、テロ阻止のための情報交換体制の確立、多国間での条約（13条約）の締結、司法協力、法執行協力など様々な取り組みを実施している。特にテロ関連情報の共有には大きな成果が得られている

2　日本海軍が敗色濃くなった第二次大戦末期、航空機に爆弾を積んで敵艦に体当たりするという自爆攻撃。この作戦はある意味で多くの過激派組織に影響を与えたといわれる

術において手詰まり感が見えるようになってきた。このことが、テロリストをして自爆テロ戦術にのめり込ませるようになったとも考えられているが、果たして、このような手段を取り入れざるを得ないほど、テロリストは追い詰められていたのであろうか？　また、自爆テロが、起死回生の逆転劇を可能にするほどのパワーを持っているのであろうか？　恐らく、答えは「否」であろう。第二次大戦末期に、敗色濃い日本軍が神風特別攻撃隊[2]という自爆攻撃隊を組織し、戦況の逆転を狙ったものの、米軍は密かに特攻を封じる新兵器を開発し、それを知らない特攻機は、ほとんど標的に届く前に撃墜されていった。日本軍の苦肉の策も無残に打ち砕かれてしまったのである。

本章では、テロ組織の内部で、自爆テロを命じる指導者たちの欺瞞と、これに従って自爆を志願するに至った自爆要員の意志決定のメカニズムを解き明かし、自爆テロを防ぐ手立てとしてどのようなものがあるかを考察してみたい。

1　自爆テロと宗教の関係は？

自爆テロは、初期の段階ではシーア派の専売特許のようなものであった。[3]

1979年にイランでイスラム革命が勃発した際、同国最高指導者のアヤトラ・ホメイニ師が、殉教と自殺攻撃の概念を結び付けた戦術を打ち出し、イラン国民に指示を出した。ホメイニ師は、イスラム教のコーランでは自殺を厳しく禁じているにもかかわらず、巧みにレトリックを使い、「自殺は自殺ではないし、死は死でもない」と説いた。これを受け、翌1980年10月、前月に始まったイラン・イラク戦争で、わずか13歳の男児モハメド・ファーミデ[4]が、優勢なイラク軍の戦車の下に潜り込み、自らを犠牲にして手榴弾を爆発させるという武勇伝があった。ホメイニ師は、記念碑を建ててこの少年の死を大いにたたえ、他の子供たちに彼に続くよう奨励したところ、瞬く間に数千人の少年たちが自爆要員として志願したといわれる。

しかし、自爆テロの戦術を取り入れているテロ組織は、イスラム過激派ばかりではない。今はほぼ壊滅状態にあるが、1990年代に凄惨な自爆テロを多発させたスリランカの「タミル・イーラム解放の虎」[5]（LTTE）は、多数

3　米国やイスラエルは、1980年代、シーア派の過激派組織に攻撃され、大きな犠牲を出してきた。イランの革命防衛隊、その実行部隊であるヒズボラは、外国にテロの輸出をしているといわれた

4　Middle-east Quaterly Summer 2015 Khomeini built a culture of martyrdom. Hossein Fahmideh, a 13-year-old boy who on October 30, 1980, allegedly crawled beneath an Iraqi tank and exploded a grenade

5　『国際テロリズムハンドブック』64～66p

6　『国際テロリズムハンドブック』27p

7　LTTE最高指導者が死亡、スリランカ国防省筋（AFP 2009.5.18）

8　1983年からスリランカ政府軍との内戦に突入し、それ以来、LTTEは、自爆部隊

派のシンハラ人が支配するスリランカからの分離・独立を目指す少数派タミル人による民族系のテロ組織であり、[6] その構成員のほとんどはヒンズー教徒であった。LTTEは、自爆要員を養成するために、特段、宗教は使わなかったようである。タミル人コミュニティの中から幼い子供をほぼ強制的に組織に連れ込み、子供のころから洗脳し、自爆テロリストになるのが当たり前であるかのような教育を施していた。最高指導者のプラバカラン議長（2009年5月死亡）[7] の命令一下、多くの若者たちが、何の疑念も持たず、自爆作戦に身を投じていったのである。特に、女性主体で構成されていた「ブラック・タイガー」[8] と呼ばれる自爆部隊は、ラジブ・ガンジー元インド首相が選挙遊説で南部のタミル・ナドゥ州[9] を訪れた際、支持者を装った「ブラック・タイガー」の女性テロリストが目の前で自爆し、ガンジー氏は即死するというショッキングな事件が発生した（1991年5月）。そのほかにも、スリランカのプレマダサ大統領ほかの政府要人、フェルナンド海軍司令官ほかの高級軍人らがLTTEの自爆テロで次々に暗殺されている。[10]

他方、現在トルコで政府と戦っている「クルド労働者党」（PKK）も、かつては、旧ソ連の支援を受け、マルクス・レーニン主義を信奉するトルコからの分離・独立を標榜する民族系のテロ組織（米国務省により外国テロ組織に指

の「ブラック・タイガー」等を動員して爆弾テロや自爆攻撃を実行してきた（『国際テロリズム101問』）

9　インド政府は、スリランカ政府の要請により1987年以降、同国に平和維持軍を送りLTTEの掃討に当たったが、LTTEはこのことを恨んで犯行に及んだとされる

10　プレマダサ大統領暗殺の犯人は、かなり前から大統領一家と交流のあった少年で、大統領は笑顔で近づいてきた少年に油断して殺害された。LTTEはテロを行うにも一工夫しており、スリランカ政府にとっては大きな脅威となっていた（著者注）

定）[11]であり、1980年代に一時期自爆テロも行っていた。トルコのクルド人は、スンニ派のイスラム教徒が多いが、PKKはイスラム過激派としての色彩は薄い。しかし、エルドアン政権と交わした和平が決裂（2015年7月）した後、特にPKKの拠点である南東部を中心に、政府要人、軍人、警察官等を狙った自爆テロが多発している。

ところで、本章での主要テーマは、自爆テロとイスラム教との関係であるが、アルカイダや「イスラム国」などのイスラム過激派のリクルートの手口に注目すると、確かに「イスラム教」がテロリストをリクルートする際重要な役割を果たしていることがわかる。まず、初段階では、リクルーターは、過激派組織のメンバーであることを秘匿[12]し、イスラムの素晴らしさのみを強調して対象の興味を引き付けていく。そして万物を創造した唯一の神への畏れと信仰心を植え付け、神に奉仕する気持ちを芽生えさせる。ここまでは、通常の布教活動と何ら変わるところはないであろう。問題はその後である。

イスラムが、西欧諸国や中東の王制政権にいかに搾取され、迫害され、苦しめられ、無残に殺されているかを強調し、西欧社会や中東の独裁体制に対する憎悪を掻き立てる。これを繰り返し説諭されれば、純粋な若者であればあるほ

11　米国務省発行の「カントリー・レポート　2014」には、同省が外国テロ組織として指定している59組織の現勢および活動状況等が記載されている

12　誰もが喜んで参加しようと思わない組織であれば、対象者を警戒させないよう、初段階では一切真実を話さず、小出しにしつつ徐々に組織に引き込んでいこうとするであろう

13　リクルーターは対象の境遇や抱いている不満、不安をよく調べており、最良の理解者のように振る舞って相手の心を摑んでしまう。過激化の作業はその後に始まる（著者注）

14　テロリストは、殉教を決意した者をビデオ撮影し、攻撃の後にネットに投稿する

15　聖地エルサレム奪還のために送られた十字軍が、同地のイスラム教徒を大虐殺した歴史を忘れず、必ず報復するというイスラムの西側に対する感情

ど、容易に洗脳されてしまい、過激化してしまうであろう[13]。かつて、アルカイダは、出撃する前の自爆テロリストのビデオを撮り、実行後にネットに流して犯行声明の代わりにする例が多かったが[14]、彼らが口をそろえて主張するのは、米国や西欧諸国、さらには、ユダヤ人によるイスラム教徒に対する殺戮、弾圧への恨みであり、自分の「殉教」は十字軍である西欧への復讐[15]であると強調する。テロリストにリクルートされた若者の多くは、自爆テロの志願者に仕立て上げられている。特に、アルカイダの場合は、自爆を強制するのではなく、自ら進んで自爆を志願するようになるまで神への奉仕（殉教）の必要性を説き、洗脳していく[16]のである。

このように、イスラム過激派のテロリストが宗教を利用して組織勢力を拡大し、自爆テロリストを養成しているのは、ごく当然の戦術のように見えるが、善良なイスラム教徒から見れば、すこぶる迷惑な話である。「イスラムはテロではない」といくら主張しても、イスラム過激派によるテロのインパクトがあまりに強烈であるため、どうしてもイスラム教徒を恐れ、警戒してしまう一般人が多いのも無理からぬことであろう。

しかし、イスラム過激派による自爆テロがこれだけ頻発すると、この戦術が、まるでイスラム過激派が最初に始めたような錯覚に陥ってしまう。実際、

16　アルカイダは組織としては自ら殉教を望まない限り自爆を強要しないといわれている。しかし、自爆を決意するまで執拗に洗脳を行う

1980年代に起きた最も衝撃的な自爆テロ事件は、1983年4月、ベイルートの米国大使館が攻撃され、63人が殺害された事件と、同じく、同年10月、同じベイルートの米海兵隊兵舎が爆破され、299人が死亡したテロであった。[17]確かに、これは、イスラム過激派（シーア派のヒズボラ[18]の犯行）が西側を標的にした最初の自爆テロ事件であった。

それから時は移り、アルカイダが台頭し、同組織が自爆を組織の中心的戦術として多用するようになる。オサマ・ビン・ラディンの死亡（2011年5月）後、アルカイダの最高指導者に就任したアイマン・アル・ザワヒリ[19]は、「自殺テロ」について持論を展開しているが、ザワヒリの理論は、自殺テロと殉教の間を曖昧にし、二者の違いを「憂鬱や絶望感で命を絶つのが自殺であり、イスラムの信仰のために命を絶つことを殉教」と定義づけている。シーア派ヒズボラのハッサン・ナスララ議長[20]や、ハマスのヤシン師[21]と後任のランティシ師[22]（いずれもイスラエルに暗殺された）らも、ザワヒリとほぼ同様の考えを持っていた。コーランの中には、天国の描写があり、過激派が自爆テロリストをリクルートする際にしばしば引用されている。

天国の様子を要約すると、「殉教はアッラーにとっては特別のものであり、殉教者は最初の一滴の血を流すときから神の許しを与えられる。彼は、天国で

17　レバノンのベイルートで1983年10月23日、国連レバノン暫定部隊の米仏軍司令部を狙った自爆攻撃によるテロ（『国際テロリズム要覧2016』）

18　最高指導者ハッサン・ナスララ書記長。1982年ヒズボラ結成。それ以来、イスラエルや欧米の権益に対するテロを実行してきた

19　1951年エジプト・ギザ生まれ。カイロ大学医学部進学の後、他の組織と統合してジハード団を指導。1981年10月サダト大統領暗殺に関与したとして投獄されたが、1984年に釈放された。1986年にパキスタンに向かい、そのころビン・ラディンと知り合う（『国際テロリズム要覧2016』）

20　1960年レバノン生まれ。1976年、イラク・ナジャフに留学。帰国後1979年にアマル運動の政治局員に選ばれたが、1982年、アマル運動を離脱し、ヒズボラの結成に参加。1992年ムーサウィー

王冠を授けられ、信仰の装飾で飾り付けられ、目の大きい処女たちと結婚する。死の苦痛からも、あらゆる苦痛からも免れる。天国で72人の処女を妻に迎え、自分の親しい親戚70人と会うこともできる」[23]というものである。

この話を聞いて、分別のある若者が実際にテロリストになり、自爆テロに志願するようになるのであろうか？　日本にも神話はあまたあるが、これは、一種の歴史物語のようなもので、子供にとっては夢のおとぎ話であり、大人たちは、日本文化のありようとして、微笑みながらページをめくるような類のものであろう。そう考えると、テロリストは、若者をリクルートする際の入り口でこの物語を使用するだけで、それ以降の緊迫の段階では、何か別の手段を弄して、対象となった若者に最後の決断[24]をさせるのではないのか。

2 自爆テロリストのプロファイリング

自爆テロという不可解な現象の真の理由を解明しようと、これまで多くの政府関係機関、治安・情報機関、学者、研究者らがこの問題に取り組んできた。

全書記長が暗殺された後書記長に就任（『国際テロリズム要覧２０１６』）

21　ハマス創始者。２００４年３月22日、早朝の礼拝を終えて移動中にイスラエル国防軍の攻撃ヘリが発射したミサイルが車に命中し死亡

22　ヤシン師死亡後のハマス最高責任者。しかし、ヤシン師暗殺後１か月も経たない４月18日、ランティシ師もイスラエルの攻撃ヘリのミサイルで死亡

23　信教を貫いた者だけが死後に永生を得る所とされる（「コーラン」出来事章10〜24節）

24　自爆要員は、建前では本人の自由意志とされる

現在、自爆テロは、世界の各地で発生しており、過去に一度でも自爆戦術を行使したことのあるテロ組織は、30組織以上存在するといわれるが、そのうちの95パーセント近くはイスラム過激派組織である。[25] なぜ自爆テロが起きるのか？その因果関係は未だに明確になっていないが、専門家と言われる人たちが一様に指摘するのは、自爆したテロリストたちは、決して狂人でも精神を病んでいるわけでもなく、ごく一般の青年たちであるということである。ただし、すっかり洗脳されてしまった彼らの言葉遣いを聞くと、明らかに過激思想に染まり、ジハーディストの言葉になっている。しかし、実際にテロを行う者の心の中は、彼らが口に出して言う「神への奉仕」（殉教）よりも、彼らが置かれた社会環境、宗教とは関係のない社会への恨みであり、自己の恨みを晴らすための暴力行為を正当化するために、イスラムの教義やコーランの文言をもっともらしく使用しているに過ぎないとする冷めた見方もある。

そこで、自爆テロのメカニズムを知るために、まず、一般に言われている自爆テロリストの置かれた環境について考えてみたい。彼らが反発するのは、迫害、疎外、ムスリム社会に対する西側政治の冷酷さなどであろうか。社会に不満を持つイスラムの青年たちは、自己の尊厳と地域社会での存在感を求めている。最近のテロの傾向を見ると、若者の過激化の原因は、無知でも貧困でもな

25 Muslim Statics More than95 percent of all suicide bombing attacks conducted worldwide are carried out by Muslim extremists

26 純粋で感化されやすい個人的な恨みか、社会に対する個人的な恨みか、いずれにしても組織ぐるみの洗脳教育の巧みさには驚かされる

27 自分から自爆を志願すると言い出すまで説得と洗脳を継続するともいわれている

い[26]ことがわかる。彼らの多くは、宗教的に敬虔であるとは言えず、中流クラスの教育を受けている。一方、自己過激化した若者の人数の多さを見れば、リクルートされてテロリストになるというよりも、自分から進んでテロリストになる者の方が多い[27]ことに気付かされる。ここで言えることは、自爆テロリストになる原因は、決して一様ではなく、社会環境、家庭環境、個人を取り巻く環境、彼らが住む社会の構造などの要因が複雑に絡み合っているということであろう。

3 テロリストを養成するマドラサ、モスクとSNS

次に、若者の過激化、思想教育はどこで行われているのだろうか？ 最近では、ＳＮＳを通じたメッセージによるリクルート、それに影響を受けた自己過激化という現象が、テロリストの輪がこれほどまでに広がっている最大の原因と考えられるが、それは、ＳＮＳが彼らの感情に強く訴えるメッセージを発信しており、若者たちが居ても立ってもいられなくなるような気持ちにさせるほど巧みな表現、画像、動画が多く含まれているからであろう。[28]今の若者は、文章を読むよりは、ビジュアルから直感的に情報を汲み取ることに長けている。

そのほか、モスクやマドラサ（イスラムの子弟が無料で学ぶことができる寄宿舎制の宗教学校）などでも、引き続きテロリストのリクルート、過激化が行われていると考えられるが、このような、イスラム過激派が長期にわたって草刈り場として利用してきた伝統的な空間は、過去のテロ事件に大きく関わってきた。警察、治安・情報機関からの監視の目を警戒しており、テロリストの側も、いかに官憲に発見されずに目的を成就できるか腐心していると思われる。[29]したがって、前述のとおり、官憲の手が届かない遠く離れた場所から、しかも暗号通信のソフトを駆使したＳＮＳやウェブ通信の方法が、テロリストに最も安全で高い成功率を保証しているのである。[30]

4　パレスチナの自爆テロリストの特徴

イスラエルでは、パレスチナ人による「インティファーダ」（民衆蜂起[31]）

28　ネットにはイスラムの同胞や女・子供達が殺戮されているシーンが多く、これを見る者に大いなる怒りを抱かせ、じっとしていられなくなるような効果を演出している

29　テロリストのマニュアルでは、組織の防衛と警察・治安機関の事前摘発を免れるよう常に注意している

30　暗号は短時間で解読することは難しく、暗号ソフトを制作した企業の協力を得る必要があるが、プライバシー保護を理由に断られることもある

31　イスラムの蜂起。イスラエルの暴力的な仕打ちに怒った民衆の運動。この運動の中からハマスが誕生した

32　『国際テロリズム要覧２０１６』３５５～３５９Ｐ（カハは除く）

33　人混みで行われる自爆テロは、テロリストの標的以外に無関係な人たちをも巻き込む

が、１９８７年10月からと、２０００年９月からの２度にわたって発生している。このうち、後者は、「第二次インティファーダ」（アル・アクサ・インティファーダ）と呼ばれているが、ことのきっかけは、イスラエルのシャロン・リクード党首・外相（後に首相）が１０００人の武装した側近と共に、アル・アクサモスクに入ったことにあった。第二次インティファーダは、２０００年９月から２００６年10月まで続いたが、その間、明白に自爆テロ事件と言えるものを１４４件発生させている（筆者の個人データベースより）。イスラエルには、パレスチナのガザほかを拠点にするイスラム過激派組織が、ハマスやファタハを含み、12組織ほど存在[32]しているが、そのいずれにも属さない一般人が、爆弾を腹に巻いて自爆し、イスラエルの軍人、一般市民等を殺害するという事件が相次いだ[33]。もちろん、実態は、過激派組織が自爆志願者に爆弾及び装備を提供し、同じ組織が、自爆した後に犯行声明などを出す場合が多いが、イスラエルの統計では、２００３年中に同国内で発生した自爆テロ事件23件のうち、組織属性のない者による自爆は15件に上った[34]といわれる。実に、65パーセントが、過激派から訓練を受けたことのない全くの素人が犯行に及んでいることが判明した。さらに、一般人による自爆テロは、ほとんどが自ら志願して実行したものであるが、彼らを説得し、死地に向かうことを

34　インティハーダでは、ハマスやファタハ系のテロ組織等に属さない一般市民が、イスラエルに報復するためにテロを行うというケースも多かった

勧めたのは、家族か友人がほとんどという驚くべき事実がある。自爆志願者の20パーセントは、イスラエルへの憎悪が高じて、自ら自爆による報復を決意したといわれるが、特に、友人同士のサークルの中で自然に話がまとまり、単独か複数で自爆テロを行う決意を固めるといった例が少なくない[35]といわれる。イスラエル政府も、「第二次インティファーダでは、自爆テロ犯の動機は、既存のテロ組織の意志とはほとんど関係なく、組織は自爆テロ実行のための物的支援を提供しているに過ぎない。宗教的な教育や洗脳は行っていない」と分析している。

このように、パレスチナ問題では、過去に何度も和平交渉が行われ、停戦も話し合われてきたが、第二次大戦後、4度にわたって中東戦争が勃発した[36]ことを見ても、この問題の根は深く、和平協議が進行している間に必ずそれを打ち破るような事件が発生し、それを機に一気に状況が逆戻りするというパターンが繰り返されてきた。パレスチナ問題は、中東その他のイスラム過激派組織がテロ要員をリクルートするにあたり、イスラエルや同国を支援する西側諸国への憎悪を煽るために利用されており[37]、過激派組織も、本音ではこの問題が解決することを望んでいないのであろう。

35　一般人がイスラエルへのテロを決断する過程は、ほぼこのようなものが一般的

36　第一次は1948〜1949年イスラエル建国宣言後、第二次は1956年スエズ危機、第三次は六日戦争、第四次は10月戦争

37　リクルート対象の若者にとっては、パレスチナ問題が最もわかりやすい題材（古くから住んでいた土地を奪ったイスラエルと奪われた側のパレスチナ）である

38　女性の自爆テロは、女性だからと相手を油断させるためである。幼い子供も同様の理由でテロリストに利用される

5　計略による女性の自爆テロ

イスラムの世界では、女性は家にこもって夫や家族の世話をすることが本来の責務とされている。家の外では、常に髪や肌を隠し、外出するときは必ず夫か家族、親戚の男性が同行する決まりになっている。しかし、近年、中東でも民主化が進み、イスラムの習慣を厳しく国民に強制している原理主義的な国家を除き、イスラム圏の多くの国が女性の自由な行動様式を認めるようになっている。

一方、イスラム過激派のテロ組織の中には、ジハードの名の下に女性をテロリストに仕立て上げ、テロを行わせている事例も散見される。女性は弱いもので危険ではないという一般通念に加え、いくらイスラム過激派とはいえ、女性をテロに駆り出すことなど有り得ないと思われてきたのであるが、中東問題やイラク戦争が泥沼化していくにつれ、女性による様々な形態のテロ事件が発生するようになっている[38]。

この項でまず取り上げたいのは、戦火の最中のイラクで見られた、女性を騙して無理やりテロリストにし、自爆攻撃させるという手口である。その首謀者の名は、サミラ・ジャッサム（1958年生まれのイラク人）、「信徒の母」と呼ばれ、スンニ派のイスラム過激派「アンサール・アル・スンナ」[39]のために、イラクのディヤラ県（バグダッドの北東部）を中心に活動していた中年の女性テロリストである。同人は、2009年1月、イラクの治安警察に逮捕されたが、その罪状は、一般女性をテロリストとしてリクルートし、彼女らを煽って自爆テロを行わせた罪である。その手口は極めて陰惨なものである。彼女は、イスラム戦士に女性をレイプさせ、そのショックに打ちひしがれた女性を、家族の名誉を守るためにはこうするしかないと、自爆テロリストに志願するよう説得するのである。イスラムの社会では、地方によっては、婚前・婚外交渉を行った女性や、性的暴行などの被害を受けた女性も、家族に殺される（名誉殺人）[40]か、自ら命を絶つしか残された道はないという独特な風習が残っている。供述によれば、サミラは、80人以上もの女性を意図的に罠に陥れ、挙句に自爆テロの要員に仕立て上げ、うち28人を実際に自爆させたとして起訴されている。

当時の駐イラク米軍の発表によれば、イラクでは、2007年に女性による自爆テロが8件発生し、翌2008年は32件発生したとのことである。サ

39　アンサール・アル・イスラムが2006年5月から2007年12月までの約1年半、アンサール・アル・スンナを名乗ったが、その後元の名前に戻した。組織が名称を変えても旧称で呼ぶケースも多く、サミラが逮捕された時点では、既に元に戻っていた（『国際テロリズム101問』）

40　女性の婚前・婚外交渉（強姦の被害による処女の喪失も含む）を女性本人のみならず「家族全員の名誉を汚す」ものと見なし、この行為を行った女性の父親や男兄弟が家族の名誉を守るために女性を殺害するというイスラムの風習。国連高等弁務官室は、名誉殺人の犠牲者は毎年5000人にのぼると発表（AFPBB News 2009.10.15）

41　男尊女卑のイスラム社会への怒り、あるいは、夫や兄弟、子供達を殺された恨みでテロを志願する女性も少なくないといわれる

42　アラブ世界における世俗主

ミラが逮捕される直前の２００９年1月初旬には、バグダッドに近いシーア派の霊廟で女性が自爆し、シーア派の巡礼者35人が殺害されたが、こうした女性による一連のテロ事件に、サミラ及びその共謀者が関わっていた可能性が高いとみられている。テロリストが女性に自爆させるのは、彼女らの衣服の下に爆弾を隠しやすく、検問所でも、男性のセキュリティ要員が女性の身体検査をすることはほとんどないという盲点を突いたものである。

こうしたテロ組織側の事情以外にも、女性が自ら進んで自爆テロを行う理由があるはずである。これまでの例から判断する限り、女性の自爆者は、敵に対して自ら行動を起こすという強い信念に駆られ、そこに至るまでの動機は、多分に彼女ら自身の政治的、歴史的な理由が関係していると考えられる。[41]テロリストが、自爆要員として女性をリクルートする際、重要な条件としていることは、彼女らの虚無感、虚脱感につけ入り、自分の行動で世間をあっと言わせてやるという気持ち、あるいは、彼女らの民族主義的潜在意識を刺激し、憎い敵を成敗したいという熱い感情に訴えることとされている。パレスチナ問題に関して言えば、反シオニズム感情[42]、イスラエルによる理不尽な祖国の占領に対する強い反発心であり、女性は、特にイスラエルによる軍事支配への憤りが強いといわれている。すなわち彼女らは、祖国の征服は、パレスチナ人女性の権利

義的な反シオニズムは、イスラエル国の存在を認める立場への反対や、同国の土地開発や領土拡大運動などに反対する立場が主なものである

に対する征服であると考えているのである。

6 女性による自爆テロの動機

アラブ人女性問題やアラブ文学の研究で名高い米国ジョージ・メイスン大学のアマル・アミレ博士[43]は、「中東地域の女性は、アラブの男尊女卑の慣習に激しく反発し、しばしば自己消滅に走ってしまうことがある。アラブ社会の古い考え方に反対するあまり、それに対する抗議で自爆テロに向かってしまうのも、むしろ彼女らにとっては自然の成り行きであろう」と分析している。中東の女性たちは、西側の人たちが考えているほど従順でも依存的でもないといわれている。[44]こうしたアラブの文化の中で生きてきた女性たちは、自爆に走る自分たちの行動を、性的虐待への反発心と、自己価値の発見、家族を守るための行動の一部として捉えているのかもしれない。

43　米国バージニア州フェアファックス郡に本部を置く州立大学の中東研究家

44　常に男社会に反発している独立心の強い女性も多いといわれる

45　チェチェンの独立派に対するロシアの強硬姿勢は厳しく、捕虜が処刑されることもごく当たり前のように行われていた。第一次、第二次チェチェン戦争から今日までの間に20万人以上（全人口100万人）が死亡したといわれる（チェチェン総合情報）

46　全人口の20パーセントもの犠牲者を出したチェチェンだけに、家族をロシア兵に殺された女性は多いはずであり彼女らが過激派に加わりテロを起こすケースが増えている。チェチェンの過激派に女性隊員が多いのもうなずけよう

47　いわゆる劇場占拠事件。FSBの特殊部隊はガスで弱っているゲリラの逮捕も十分可

能であったが、無情にも全員を射殺した

7　女性による自爆テロが頻発

(1) チェチェン過激派の女性自爆部隊

チェチェン共和国は、ロシアからの分離・独立運動でロシア軍と激しく衝突し、夥しい数の戦死者、拷問による獄死者を出した[45]といわれるが、チェチェン過激派は、その消耗を補い、ロシアへの復讐を果たすため、戦死者の妻子らを中心とする「ブラック・ウィドウズ」（黒い寡婦《かふ》・シャヒッカ[46]）と呼ばれる未亡人たちの自爆部隊を編成した。ロシア領土内でのチェチェン過激派による最初の女性自爆テロ事件は、カーヴァ・バライエワという女性が、ロシア軍の前哨基地で自爆（2000年6月）したケースであった。また、翌2001年にも、アイザ・ガズイエワという女性が、自爆テロでロシア軍の高級軍人ガイダル・ガズイエフ将軍を殺害している。

その他、チェチェン過激派は、2002年10月、チェチェンからのロシア軍撤退を要求し、モスクワ中央部にある「ドブロフカ・ミュージアム」劇場で人質・占拠事件を起こした[47]。同事件に爆弾を胴体に巻き付けた女性テロリストも多く参加していたが、事件発生から4日目、同劇場占拠に動員された合計42

人のチェチェン人テロリストは、ロシア連邦保安庁（FSB）の特殊部隊により非致死性ガスで麻痺させられ、自爆する暇もなく、全員が射殺された。なお、人質になっていた922人の劇場観客のうち、129人が巻き添えになって死亡している。

チェチェン関連では、このほかにも、ロシア国内線旅客機爆破墜落事件（2004年8月）、北オセチアのベスラン学校占拠事件[48]（2004年9月）、モスクワ地下鉄連続爆弾事件（2010年3月）などでも、チェチェン人の女性自爆テロリストが関与したとみられている。

(2) パレスチナ紛争絡みの女性自爆テロ事件

ハマスの宗教指導者アハメド・ヤシン師（2004年3月、イスラエル軍により暗殺）は、2002年2月下旬、ファトワ[49]（イスラムの布告）を出し、女性の自爆攻撃への参加を認めたほか、殉教した女性にも、死後に天国での極楽生活が与えられるとした。さらに、ヤシン師は、イスラエルに痛撃を与えるために、今後さらなる女性フェダイーン（この場合は自爆テロ要員[50]）を送り出すと宣言している。

48　ベスラン事件は敵の最も弱い標的を選んでのテロであったが、ロシア側は常に強攻策で臨むため多くの犠牲者が出ている

49　これを発令する権限があると認められたムフティーと呼ばれるイスラム法学者が、ムスリムの公的あるいは家庭的な法的問題の質問・要請に対して、口頭または書面での返答として発する。しかし、これ自体には法的効力はない（『岩波イスラーム辞典』）

50　The Arab-Israeli Conflict. Oxford University Press.43 p. 殉教を誓ったイスラム戦士」たち

51　1957年、パレスチナ独立を目標としてヤーセル・アラファートにより設立され、パレスチナ解放機構（PLO）に加入（『国際テロリズム要覧2016』）

52　2000年の第二次インティファーダ以降、パレスチナ人による独立国家樹立を掲げて

同ファトワが出される前後、パレスチナでは、立て続けに女性による自爆テロ事件が起きている。

ワファ・イドリス（女性自爆第1号：02年1月27日）アルアクサ殉教者旅団
ダリン・アブ・アイシャ（同第2号：02年2月27日）ハマス
アヤト・アルアクラス（同第3号：02年3月29日）アルアクサ殉教者旅団
アンダリブ・スレイマン（同第4号：02年4月12日）アルアクサ殉教者旅団
ハナディ・ジャラダト（同第6号：03年10月4日）ＰＩＪ（パレスチナ聖戦）
リーム・アルレヤシ（同第8号：04年1月14日）ハマス

この中で、最初の女性自爆テロ犯となったワファ・イドリスの事件については、「パレスチナ解放機構」（ＰＬＯ）ファタハ[51]配下のテロ組織「アルアクサ殉教者旅団[52]」が犯行声明を出しているが、同組織は、第二次インティファーダ勃発以降、多くの女性自爆テロリストの訓練を行ったことが知られている。パレスチナでは最も活動的なテロ組織であり、その行動範囲は、ガザ地区のみならず、イスラエル領内、ヨルダン川西岸地区にまで及んでいる。

台頭したＰＬＯ主流派「ファタハ」傘下の武装組織（『国際テロリズム要覧２０１６』）

女性による主な自爆テロ事件一覧

発生日	実行行為者	所属組織	年齢	テロの内容
パレスチナ関係				
1985・4・9	サナア・メハイドリ	シリア社会国民党	16	レバノン人。南レバノン占領中のイスラエル軍を狙う。
2002・1・27	ワファ・イドリス	所属なし	27	パレスチナで最初の女性自爆テロリスト。赤新月社勤務。離婚経験者。
2002・2・27	ダリヌ・アブ・アイシャ	所属なし	22	パレスチナで2番目の女性自爆者。離婚歴。元夫と兄がイスラエル軍に殺害。
2002・3・29	アヤト・アルアクラス	アルアクサ殉教者旅団	18	パレスチナで3人目の女性自爆者。高校生。婚約者がリクルート。
2002・4・12	アンダリブ・スレイマン	タンジーム	不明	パレスチナで4番目の女性自爆者。バス停で自爆。
2003・5・19	ヒバ・ダアルマ	イスラミック・ジハード	20	パレスチナで5番目の女性自爆者。英文学専攻の女子大生。
2003・10・4	ハナディ・ジャラダト	イスラミック・ジハード	28	パレスチナで6人目の女性自爆者。弁護士を目指す女子大生。
2004・1・14	リエム・リヤシ	ハマス	22	パレスチナで8番目の女性自爆者。ハマスとアルアクサ殉教者旅団が犯行声明。
2005・6	ワファ・アルバス	所属なし	20	イスラエルで自爆未遂。数年間の収監の後2011年に釈放。
2005・11・9	サジダ・ムバラク・アルリシャウィ	イラクのアルカイダ	45	アンマンで自爆未遂。AQI創始者ザルカウィの妹。2015年死刑執行。
2006・11・23	ファトマ・オマル・アルナジャル	ハマス支持者	64	9人の子供の母親。パレスチナの最年長の女性自爆者。
チェチェン関係				
2000・6・7	カーヴァ・バライエワ	ブラック・ウィドウ		ブラック・ウィドウによる最初のロシア軍への自爆攻撃。

2001・11・29	アイザ・ガズイエワ	女性自爆部隊	18	第二次チェチェン戦争で夫と兄弟2人など、肉親17人が死亡。
2002・10・26	ザレータ・バイロコワ	中年女にリクルート	26	肺結核を患った女性。モスクワ・ドブロフカ劇場襲撃。FSBに射殺。
2002・10・26	ズラ・バライエフ	チェチェン女性部隊		モスクワ劇場占拠事件でFSB特殊部隊に射殺。
2003・5	シャキーダ・バイムラトワ	ブラック・ウィドウ	46	ロシア指名のチェチェン大統領カディロフを狙った自爆テロ。
2003・7・9	ザレマ・ムザコイエワ	女性自爆部隊	35―36	自爆未遂で逮捕。逮捕後、FSBの情報提供者になる。20年の判決。
2003・12・5	男女計3人の自爆犯	チェチェン過激派		ロシア南部エセントゥキ駅近くで混雑する通勤列車を自爆攻撃。
2003・12・9	カディシャト・マンゲリエワ	ブラック・ウィドウ		モスクワのナショナル・ホテル前で事前に爆発。狙いは議会ビル？
2004・8・24	アマナト・ナガイエワ	ブラック・ウィドウ		ロシア旅客機TU―34を爆破。搭乗1時間前にチケット購入。
2004・8・24	サチタ・ジャルビカノワ	ブラック・ウィドウ		ロシア旅客機TU―34を爆破。残骸から爆薬ヘキソーゲンを検出。
2004・9・1	ローザ・ナガイエワほか	チェチェン過激派		北オセチアのベスラン学校襲撃に参加した女性自爆テロ犯。
2010・3・29	ゼネット・アブドラクマノワ			モスクワ地下鉄の2駅で女性2人による自爆。なおも捜査中。
2012・8・28	アミナト・クルバノワ	改宗したロシア人		ダゲスタンでスーフィー教の指導者ほかを殺害。夫は過激派。
2013・10・21	ナイダ・アシヤロワ	ブラック・ウィドウ		翌年のソチ五輪を控え、ボルゴグラードのバス内で自爆。
2013・12・29	氏名不明	ブラック・ウィドウ		ボルゴグラードの鉄道駅で自爆。
西洋女性最初の自爆				
2005・11・9	ムリエル・ドゥゴーク	改宗したベルギー人	42	夫に過激化される。イラクで車両爆弾での自爆。夫は別件で射殺。

8 自爆テロの偽装

前項で触れたように、女性を自爆テロに使うことは、検問のセキュリティや標的の警備員の目を欺くためには効果的な戦術[53]であろう。実際に女性を使わなくても、男性のテロリストが女性に変装し、衣服に爆弾や武器を隠して標的に接近するといった例も多い。さらには、何も知らない子供に爆弾が入った荷物を持たせ、標的に届けさせて遠隔操作で起爆する[54]という、なりふり構わない残虐なテロ戦術も多用されているが、相手を欺くという点では、同様の戦術と言えよう。

このように、テロリストは、考え得るあらゆる手を使って攻撃を仕掛けてくるが、対する地元の警察、軍、治安機関も、過去の経験からテロリストの手口を読み、偽装を見破る対策を講じている。最近のＩＴ技術は、衆人の中から、挙動の不自然な者を抽出できるシステム[55]（Behavior Detection System）も開発しており、こうした技術が飛躍的にテロリスト発見の精度を高め、空港、港湾、幹線鉄道、劇場、スポーツ競技場など、テロの標的になりやすい場所に設

53　元来、イスラムの女性がテロに参加するなど考えられなかったが、パレスチナでも第二次インティファーダ以降、女性が志願して自爆テロを行うケースが出てきた（著者注）

54　子供を使うテロは、アフガニスタンのタリバンや、最近ではイスラム国が実行するようになった（著者注）

55　発想としては優れたシステムであるが、実用化にはまだ時間がかかりそうである。これまで、テロの現場で使用された例もあるが、テロリストとの認識ができず、テロ実行を許してしまった例があるという

56　トルコ・イスタンブールのアタチュルク国際空港で２０１６年6月28日に起きた銃撃と3件の自爆テロ。自爆テロの実行犯は、チェチェン、ウズベキスタン、キルギスの出身とみられる（THE HUFFINGTON POST 2016.7.1）

置することにより、チェックの時間もかけずに、より効果的なテロ防止策を提供できるようになるだろう。なお、抽出された不審人物には集中的なインタビューが施されるが、不審性が見られない対象はゲートを素通りでき、非検査者にストレスを一切感じさせないで済む。

9　自爆テロリストの探知

自爆テロに限らず、テロや犯罪が起きる寸前には、何らかの兆候が見られることがある。なんとなく嫌な予感がしたときは即座に周囲を見回し、危険を感じたら迅速にその場から離れるべきであろう。普段から危険に対して備える気持ちがあれば、自然と危機に対する感覚が養われ、本能的に行動できるようになるだろう。特に、外国や見知らぬ場所に旅行した際には、周囲に不審な荷物がないかどうか、不自然な行動をする人物がいないかどうか注意を払うべきである。例えば、２０１６年６月、トルコ・イスタンブールのアタチュルク空港で自爆テロが発生[56]したが、その際、３人のテロリストたちは、夏の暑い日であるにもかかわらず厚手のジャケットを着込み、その下に自爆ベストを着こみ、さらに手榴弾と自動小銃の弾倉が入ったリュックサックを所持していた。さすがに不審者と気付いた警官が職務質問し、直後に銃撃戦となったため、このテロリストはその場で自爆せざるを得なくなった[57]。その時周囲にいた一般客は、銃声を聞いて瞬時にその場を離れることができたのである。このテロ事件では、結局、犯人を含む48人が死亡し、240人が負傷したが、犯人が着ていた衣服や不自然な挙動を見て不審に気付けば、一般人も逃走路を確保できるという教訓を提示した事件であった。

そのほか、海外旅行に出かける人、外国で生活しているような人は、各国で毎日のように発生しているテロ事件のニュース、テレビのドキュメンタリー番組等にも関心を示し、テロ事件の背景、手口はどうだったのかなどを記憶にとどめておくべきである。それは、テロ組織、発生した国、地域によって状況は様々であろうが、特に、空港、鉄道駅、ショッピングセンター、ホテル、ナイトクラブ[58]、娯楽・遊興施設などが頻繁に狙われていることを認識し、必要な時以外にこれらの場所に近づかないなど、普段から自己防衛の備えをしておくことが重要である。

57　テロリストは警察や軍隊に正体を見破られてしまえば、その場で戦うか自爆するしか道は残されていない（著者注）

58　イスラム過激派は、西側の文化を象徴するもの、例えばナイトクラブなど酒類を扱う場所、風俗・娯楽施設をテロの標的にするケースが多い（筆者注）

第7章　恐るべきスリーパー（潜入工作員）によるテロ

テロリストは、第2章で述べた通り、9・11米国同時多発テロなどの大規模テロを計画すると、実行予定日の何年も前から周到な準備を始める。[1] テロの手段、標的、実行者の人選、資金の用意、サポート体制の確立、秘密保持の手だて、標的近くでのインフラの確立の方法などが決められていく。テロ対策を担う治安・情報機関などが、このどれかをキャッチできれば、テロを予測して事前に計画を潰すことも可能であろう。しかし、限られたマンパワー、数々の法律の縛りの中でテロを事前摘発することは、極めて困難なことである。相手は、守る側の想像を超えた手段で突然攻撃してくるのである。

特に、アルカイダが過去に引き起こした大規模テロ事件を見ると、その大胆さと凄惨さばかりが目につくが、実行に至るまでの足跡を丁寧にたどってみると、難しい標的であればあるほど、時間と金をかけ、より慎重に準備を進めていたことがわかる。

1　特にアルカイダは、大規模テロを実行するまで綿密な計画を立て、時間をかけて必ず成功させるように準備する傾向にある。ケニア・タンザニア米大使館同時爆破テロ（1998年8月）はその典型（筆者注）

2　ケニア・タンザニア米大使館同時爆破テロ（1998年8月）のほかUSSコール号爆破テロ（2000年10月）、9・11米国同時多発テロ（2001年9月）など

1 スリーパーの概念とは

テロリストは、標的に定めた敵を攻撃するためには手段を選ばない。敵の知らぬ間に喉元にまで潜入し、誰にも気づかれないように準備を進め、ある日突然、外国にいる幹部からテロ実行の指示が下る。この執念たるや、常人では想像もできないが、テロリストは、過去何回もこの手法で西側へのテロを成功させてきた[2]のである。なお、「スリーパー」という用語は、ここでは「潜入工作員」という意味で使用させていただく。

そのスリーパーは、標的国に潜入後、何年もかけて地元の社会に溶け込み、地元の風習・文化にもなじむよう努力する。身分を偽装し、場合によっては地元で起業し、表面上は一般の善良な市民を装う。周囲から疑われないために、地元の女性と結婚することさえある。テロ組織は、普通、複数の工作員を送り込んでくるが、ひとりひとりに横のつながりはなく、誰かが警察に逮捕されても組織と仲間を守ることができる仕組みになっている。細胞を構築しても、コンタクトできるのは、責任者と各構成員ひとりのみである。全ての指示・命令もこの単一ルートで行われる。

また、アルカイダの場合は、潜伏している工作員に、旅行会社、運送会社、レンタカー会社などを営ませ、実際に工作員を移動させる際などに利用するというケースもあった。旅行社を営む工作員にチケットを依頼する際は、すべて責任者が代理で注文し、受け取る。したがって、工作員同士が顔を合わせることもない。他の工作員を送迎したりする場合も、業者と顧客以外のコンタクトはなく、世間話をすることも禁じられているようである。したがって個々の工作員は、自分が関わっているパズルのひとつのピースの部分しか知り得ない。テロリストは、自分たちの任務を全うするため、これほど徹底した組織防衛体制を敷いているのである。このようなスリーパー細胞を政府機関が事前に摘発することは極めて困難であろう。ましてや、スリーパーとして潜入してくるような工作員は、派遣前に十分な訓練を受けた精鋭である場合が多い。潜入先の社会に溶け込むのもそう時間はかからないであろう。

スリーパーが最も恐れていることは、誰かに疑われ、任務を達成する前に警察に逮捕されてしまうことである。疑われないためには、テロリストとしての活動を一切封印する必要がある。ハンドラーが何らかの指示を与えるまで、静かに地味に日常生活を送るのである。カバーのために、地元の政府から奨学金や生活保護を受け、学校に通っていたスリーパーもいたといわれる。警察や治

3　アルカイダのオサマ・ビン・ラディンは1987～1991年まで自分の義理の弟モハメド・ジャマル・カリファをフィリピンに送り込み、アフガンのムジャヒディンのための支援組織を創設させた。当時、カリファは、現地で旅行会社やその他のビジネスも営み、アルカイダのために資金活動、リクルート活動等で貢献していた(Complete 911 Timeline)

4　いわゆる治安・情報機関による敵組織への潜入工作。一般的にはエージェントを使う。一級情報を得るための一手段(著者注)

安・情報機関は、スリーパー細胞を発見し摘発するためには、然るべき標的にダブル・エージェントを潜り込ませ、敵の内部情報を入手する以外に方法がないのであろうか。[4]

2　ケニア・タンザニアの米国大使館同時爆破事件

アルカイダが引き起こした数々の大規模テロのなかで、筆者が最初に注目したのは、1998年8月、ケニア・ナイロビとタンザニア・ダルエスサラムの米国大使館をほぼ同時に爆破した、車載爆弾による自爆テロ事件であった（合わせて299人が死亡し、5000人以上が負傷）。自爆テロで攻撃されると、犯人の身体も証拠も吹き飛んでしまうため、事件の首謀者を割り出すことは極めて難しくなる。当該事件でも、事件の全容が判明するまでには多くの時間が必要になると考えられたが、意外にも、早い段階から事件の本質的な部分が明らかになってきた。その理由は、現場で作戦の指揮を執っていたリーダー格の男と、トラックともども自爆するはずだった実行犯のひとりが、事件後間もなく逮捕され、尋問に付されたためである。逮捕者の氏名は、リーダー格の男がモハンマド・サディーク・オデフ[5]（レバノン系米国人。パキスタンへの逃亡を図り、カラチの空港で逮捕）、もうひとりはモハメド・ラシード・ダオウド・アル・オウハリ[6]、21歳のサウジアラビア人である。

逮捕された容疑者らの供述、裁判記録によって明らかになった同事件の詳細[7]は概ね以下の通りである。

いかなる証拠をも消し去り、事件の捜査を遅らせることが目的の自爆テロであるが、容疑者が生き残り、警察に逮捕されてしまうと、テロリスト側にとっては大きな誤算となる。逮捕者の供述等から、事件の首謀者、共犯者が次々に暴露され、さらなる逮捕者が出て、計画の立て方から細かい手口まで全てが白日の下に晒されてしまうからである。したがって、テロリスト側は、自爆が失敗し、実行者が逮捕されるという最悪の事態だけは何としても避けなければならないのである。[8] ケニア・タンザニアでの事件では、合わせて4人のスリーパーが逮捕されているが、そのために、アルカイダの最高指導者オサマ・ビン・ラディンも、自組織の関与を認めざるを得なくなり、アフガニスタンの秘密アジトから事件の顛末について説明を行っている。このように、アルカイダ

5　１９６５年３月生まれ。２００１年に裁判で終身刑の判決。１９９３年ごろ、同人はソマリアのＡＩＡＩ戦闘員の訓練を施した。ナイロビでのテロ実行の後、パキスタン・カラチ空港で逮捕された（The Age of Sacred Terror）

6　１９７７年1月、英国で生まれたサウジアラビア人。裕福な家庭に育つ。１９８９年８月12日に逮捕。ＦＢＩには協力的で、同人は、知り得ること全て供述したといわれる。オデフ同様、２００１年終身刑を宣告。同人がアルカイダに入ったきっかけは米国による１９９０年代のイラクへの制裁であった（The Age of Sacred Terror）

7　How Al-Qaeda agents brought terror to Kenya (JOHN KAMAU　Daily Nation 27/10/2013) http://mobile.nation.co.ke/lifestyle/How-AlQaeda-agents-brought-terror-to-Kenya/1950774-2048826-format-xhtml-r5q4v/index.html 14/12/2016

にとっての数々の誤算により、奇しくも同事件に関しては、アルカイダのテロの手口の恐るべき実態が暴露されることになった。

3　4年以上も標的国に潜伏していたスリーパーたち

ナイロビの空港で逮捕されたスリーパー細胞のリーダー格モハメド・サディーク・オデフが、最初にケニアにやってきたのは１９９４年のことであった。オデフは、米国人の旅券（米国ルイジアナ大学卒）を持つレバノン系の米国人であり、オサマ・ビン・ラディンから東アフリカ地域の責任者に任じられていた。同人は、まず、ナイロビで新しいビジネス[9]（タンザナイト・キング・エル・ハジ［Tabzanite King. El Haji］）を創設したが、アルカイダ中枢から与えられた任務は、ケニアにおけるアルカイダの正式のカバーとなる「アフリカ人民の支援[10]」（Help Africa People）というＮＧＯの慈善団体を創設し、活動登録することであった。彼の副官は、爆破テロ当日、自爆車のトラックを先導する役目の車両の運転手を務めたファズル・モハメド（コモロ人。

8　２０１５年11月のパリ同時テロの容疑者サラ・アブデスラム（26歳）の逮捕を受けて、ベルギーのレンデルス外相は20日、容疑者がブリュッセルで新たな攻撃を計画していた可能性を指摘（BBC News Japan 2016.03.21）

9　モハメド・サディーク・オデフが１９９４年にナイロビに到着した際に立ち上げたカバーの企業（Daily Nations 27/10/2013）

10　ＮＧＯの慈善事業は、テロリストのカバーとしてはうってつけである

1993年、ソマリア・モガディシオで米軍のブラック・ホークヘリコプターの撃墜に関与した[11]）であった。「アフリカ人民の支援」は、先にドイツで登録されており、ファズルがケニアに入国する際は有効なカバーになった。

現場から逃げ出して逮捕されたオウハリは、サウジの比較的裕福な家庭の出身であるが、14歳のころから過激思想を持つ宗教指導者の影響を受け始め、1996年、19歳の時には、アフガニスタンのアルカイダのテロリスト・キャンプで訓練を受けている。その後に組織から与えられた偽造旅券でケニアに入国し、ナイロビの米国大使館への自爆攻撃のメンバーに選ばれた。事件当日、同人は、米国大使館のゲートの前でトラックの座席から飛び降り、警備員に対してスタン擲弾（相手を死傷させるのではなく、音や光で一時的に混乱させるためのもの）を投げつけ、彼らを追い払おうとしたが、なぜか所持していた拳銃をトラックの中に置き忘れ、そのまま逃走してしまった。起爆のスイッチを入れたのは、トラックを運転してい

爆破事件後の８月18日、オルブライト国務長官がナイロビの米国大使館を訪れ、テロを非難・糾弾するメッセージを出す。左側は駐ケニア大使のプルーデンス・ブシュネル

11　Fazul is one of the most wanted terrorists in East Africa for his role in attacks on US embassies in Kenya

たジハード・モハメド・アリ（別名アッザム）であった。[12] オウハリは、当初は死亡したと思われていたが、実際は、額を負傷しただけで無事であった。救急車で病院に運ばれて治療を受け、その後ホテルで逃走用の旅券と資金が届けられるのを待っている間に、不審に思った医師の通報により逮捕された。

さて、彼らのスリーパー生活はどのようなものだったのだろうか。

オデフがケニア入りする前年の１９９３年、アルカイダは、ケニアでの作戦行動を支援する目的で「アスマー有限会社」という企業を設立し、後にアルカイダの軍事司令官に就任したアブ・アル・バンシリをその代表に据えた。[13] ソマリアで「希望回復作戦[14]」（Operation Restore Hope）を開始（１９９２年12月）していた国連平和維持軍を主導する米国への報復計画が始まったのは、ケニアにこれらの拠点が築かれてからのことであった。「アスマー有限会社」は、輸出入を主体にビジネスを展開していったが、従業員となったアルカイダのメンバーたちは、当初財政難に見舞われ、事務所の維持費や給与を稼ぐために家具その他の販売をさせられていた。

アルカイダの東アフリカ地域の責任者モハメド・サディーク・オデフがモンバサにやってきてからは、赤字会社の雰囲気もガラッと変わったといわれる。

and Tanzania as well as his role within Shabaab ２０１１年６月８日、ソマリアで国軍に殺害される。（FDD's Long War Journal June 11, 2011）http://www.longwarjournal.org/archives/2011/06/al_qaedas_east_afric_1.php

12　The FBI believes that the following individuals were involved in the operation to bomb the US Embassy in Nairobi:~Jihad Mohammed Ali (hereinafter referred to as Azzam). (FRONTLINE Nov.18, 1998) http://www.pbs.org/wgbh/pages/frontline/shows/binladen/bombings/summary.html

13　１９５０年５月生まれ。ヨルダン人で爆弾製造の専門家。米国で収監中（FRONTLINE Nov.18, 1998）

14　Operation Restore Hope/Battle of Mogadishu。国連は初めての「人道目的のＰＫＦ活動」を決定。米国が主力となる国連平和維持軍がソマリアに展開されたオデフは、フィリピンの極東大学で理工学を学び、ビン・ラディンが信奉するアブドゥラ・アッザム[15]の教義を学ぶうちにイスラム過激派の思想に染まっていったといわれる。4年次で同大学を中退してアフガニスタンに行き、ムジャヒディンに参加して軍事訓練を受けた。その後、ビン・ラディンの命でソマリアに派遣され、米国の海兵隊と戦っていた現地のリーダー、モハメド・ファラ・アイディード[16]の補佐官となった。オデフは、アルカイダ本部から、軍事部門司令官兼訓練責任者のモハメド・アテフとアブ・アル・バンシリのモンバサ訪問を受け入れ、組織からの贈り物として、ファイバーグラス製のフィッシング・ボートを受け取っている。このボートは、それ以降、アルカイダ・ケニア細胞の生命線としてフル稼働することになる。漁業関係の商売はもとより、武器や爆発物の運搬、秘匿場所としても使われた。

他方、タンザニアには、オサマ・ビン・ラディンの「タバ投資会社[17]」（Taba Investment Company）が置かれていたが、1994年、ケニアに同社のナイロビ支店が開設され、その責任者として次なるスリーパー、ムスタファ・アフメドが送り込まれてきた。オデフとムスタファは、組織から贈られたフィッシング・ボートを使って魚の卸業を始め、徐々にレストラン、ホテルの経営へとビジネスを拡張させていった。

15　アルカイダのオサマ・ビン・ラディンが最も崇拝するパレスチナ人の思想家。ソ連が侵攻したアフガニスタンでムジャヒディンを支援すべきと主張。ビン・ラディンはパキスタンでアッザムに合流

16　発足間もないクリントン政権は、モハメド・ファラ・アイディードの排除に動いたが、アイディードの副官ふたりを逮捕するために飛び立った米軍ヘリ、ブラックホーク2機が撃墜され、パイロット救出に向かった特殊部隊の米兵18人が死亡し73人が負傷した。米兵の遺体がモガディシオ市中を引き回される映像がニュースで流れると、米国はソマリアからの撤退を決意（Newsweek 2009.11.25）

17　タバ投資会社は、1991年スーダンにビン・ラディンが設立したいくつかの企業のひとつで、テロの活動資金を確保するためのものであった。為替業務も行っていた（GlobalSecurity.org）

18　サウジアラビアを拠点とす

ケニアのスリーパー細胞の中で最も疑われる可能性が低かったのは、チャリティ組織のＮＧＯ、「国際慈善救済機関」（Mercy international Relief Agency）や「アル・ハラメイン財団」[18]で慈善事業に専心していたファズル・モハメド[19]であり、ファズルはスーダンのハルツーム、ソマリアのモガディシオ、ケニアのナイロビ間を自在に移動し、表の仕事としては、緊急人道支援物資として、貧しい人々のために食料、医薬品、被服、テント等を運び、その裏では、誰にも疑われずにケニア細胞のメンバーのための資金を運び込んでいた。

オデフは、専ら漁業ビジネスに従事するため、モンバサに定住し、同人の副官のファズルは、ナイロビでＮＧＯの責任者を務めていた。さらに、米国人ジハーディストのワディフ・エル・ハジ[20]もケニアに派遣されていたが、同人もナイロビで宝石商というカバーを有し、さらに、慈善組織でも活動していた。ケニアのスリーパー細胞のメンバーたちは、それぞれがそれぞれのカバーを持ちながら、Ｘデーを目指して着々と準備を進めていたのである。

なお、活動資金については、モハメド・アテフとアブ・アル・バンシルを経由してビン・ラディンから必要な額が送金されており、１９９６年には、東アフリカの細胞を軍事化するための初動経費として７０００ドルが送られてきた[21]。

る慈善事業の財団であり、アジア、アフリカ、欧州、米国などに16の支部を持っている。全世界から年間４０００～５０００万ドルほどの寄付金を集めていたが、その一部がアルカイダやそのほかのイスラム過激派組織に流れていたため２００４年６月、インターポールと国連安保理によりアルカイダ・タリバン制裁委員会のリストに載せられた

19　アルカイダのアフリカ東部を管轄する指導者とされ、１９９８年にケニアとタンザニアの米国大使館爆破テロ事件の黒幕として米中央情報局（ＣＩＡ）が指名手配していた。２０１１年６月７日、モガディシオでソマリア暫定政府軍に殺害された（AFP 2011.06.12）

20　１９６０年、レバノンのカトリックの家に生まれ、クウェートで育った。10代でイスラムに改宗したが、１９７８年米国のルイジアナ南西大学に留学した（FRONTLINE）

一方、オデフがカバーとして使っていたフィッシング・ボートが、タンザニア細胞から受け取った火薬と点火装置をモンバサに運んできた。オデフのフィッシング・ボートは、モンバサからタンザニア、ソマリアの沿岸を頻繁に行き来し、スリーパー細胞のための裏の作業にも大貢献した[22]のであった。

しかし、1996年5月、東アフリカの作戦で重要な役割を果たしてきたアブ・アル・バンシリが、乗船していたタンザニアのフェリーが海難事故に遭い、死亡するという予期せぬ事件が起きた。このため、ケニア細胞が受け取るべき爆弾の材料がスムーズに届かなくなってしまった。そこで、バンシリに代わってファズルがケニア側の担当者になり、妻と暮らしていたスーダンのハルツームを離れ、ふたりでナイロビに移ってきた。ナイロビでは、エル・ハジのアシスタントとして彼のNGOの仕事も手伝うようになった。

他方、アフガニスタンからは、新しいメンバーがケニア細胞に派遣されてきた。ラシード・ダオウド・アル・オウハリその人である。オウハリは、アフガニスタンのキャンプで、爆弾、ハイジャック、誘拐、暗殺、情報技術などのテロリストとしての基礎訓練を受け、修了したばかりであった。オウハリは組織の命を受け、最後の任務地、ナイロビに派遣されてきたのであった。

標的への攻撃の下準備はこれで整った。1996年8月23日、オサマ・ビ

【前頁】21　大きな作戦を前にしては少額であるが、アルカイダ本部は資金送金で企画が発覚するのを避けたのであろう

22　アルカイダ本部が買い与えたファイバー製小型ボートは、漁師という偽装だけでなく、武器・物資の運搬など、あらゆる方面で活躍した

23　米国への宣戦布告「二つの聖地を占領した米国への宣戦。アラビア半島から異教徒を追い出すために」

ン・ラディンは、全世界のムスリムに対し、「世界中のアメリカの施設・権益に対し武器を持ってジハードを戦え」と訴えていた。[23]

しかし、ファズルはこの後急に怯え出し、「東アフリカ細胞は100パーセント危険に晒されている」と騒ぎ始め、CNNのニュースで聞いたと不安を口にするようになった。これには伏線があった。1996年12月21日、宝石商をカバーとするエル・ハジが、アゼルバイジャンのバクーに暗号で手紙を送り、アゼルバイジャンの工作員のための偽造旅券を3通送ったことを確認しようとした。そのうちの1通は、既にケニアに来ていたオウハリが入国の際に使用した偽造旅券であり、さらに、同人が、爆弾を積んだ車両を運転するための運転免許入手の際にも使用されたものであった。こうしたいきさつがあり、アル・ハジはナイロビからパキスタンに向かい、アルカイダの幹部に直接会って相談することにした。1997年2月、エル・ハジはビン・ラディンに面会し、東アフリカ細胞の現状について詳細を報告したのであった。

1997年3月、ビン・ラディンはオデフに命じ、モンバサを拠点に稼働させているフィッシング・ボートをソマリアに向かわせ、同国のイスラム戦士の戦いの様子を見極め、報告せよと指示してきた。オデフは、ビン・ラディンの命に従い、7か月ほどソマリア国境近くの小村ウィッツに滞在し、義理の弟とともに同地で小規模の家具店を営業しながら、そこで本部からの指令を待っていた。

ここで、ケニアのスリーパー細胞に重大な危機が迫った。1997年9月、アルカイダを裏切って脱走したジャマル・アフメドが、ナイロビの米国大使館に駆け込み、地元のNGOで働いている7人の男がビン・ラディンと繋がっていると通報したのである。しかし、現地のCIAは、この情報を重視せず、この7人のグループを国外追放した方が良いかとケニア政府に問い合わせただけであった。さらに、ジャマル・アフメドの供述に基づき、NGOの事務所を捜索したが、押収書類の中に差し迫ったテロ攻撃の兆候を示す手掛かりはなく、結局何の手も打つことはなかった。

同じ年の11月、別の男がナイロビの米国大使館にアポを求め、大使館職員に、「ケニアを拠点にしているテロリストの組織が大使館に車載爆弾で攻撃する計画がある」と通報してきた。男はエジプト人で、名前はムスタファ・アフメドである。この男の尋問を担当したCIA職員は、同人は嘘を言っていると結論付けたが、プルーデンス・ブシュネル大使[24]に対しては、一応警備の強化を進言していた。大使は、即刻ワシントンへ報告したが、警備増強のリクエストは却下されてしまった。

この間、CIAはエル・ハジの自宅に踏み込み、同人の電子データ及び書類

24 1946年ワシントンDC生まれ。父親もキャリア外交官で父の任地、イラン、ドイツ、フランス、パキスタンで育つ。メリーランド大学、ニューヨーク州ラッセル・セイジ・カレッジ卒業。外交官になったのは1981年。17年後に大使としてケニア大使館爆破事件に遭遇

を押収しようとしたが、エル・ハジと同居していたファズルは、危険なファイルや書類を全て事前に運び出しており、押収物は純粋なNGO関連のもの、すなわち、難民、貧民への配布用の蚊帳、飲料水のタンク、医薬品などであった。ファズル自身はスーダンに向かって旅立ち、その後の展開を見守ろうと考えていた。彼が思った通り、アル・ハラメイン財団の事務所にも強制捜索が入ったが、CIAは結局何も見つけ出すことはできなかった。スリーパー細胞にとっては実にラッキーであった。これ以上の捜索は行われず、ファズルはこの様子を見極めてから悠然とナイロビに帰還したのであった。

ファズルの最大の課題は、爆弾を運搬する車を購入することと、爆弾を組み立てるための安全な隠れ家を借りることであった。時間ばかりがいたずらに過ぎ、とうとう時間切れ寸前になってしまった。しかし、そんなある日、人を介して、ようやく外壁が高く外から覗かれにくい安全な「ルンダ・ハウス」第43号という別荘を借りることができた。テロ決行予定日のわずか3か月前、1998年5月のことであった。ファズルは、別荘の所有者には、家族と客のためにここに落ち着きたいとだけ告げたが、オーナーは、ここが爆弾製造工場として使われることなど知る由もない。

攻撃予定日の11か月前、エル・ハジは密かにナイロビから米国テキサス州のアーリントンに移動し、その時点でケニア作戦の最高司令官アブドゥラ・アフマド・アブドゥラ[25]（別名サレフまたはアブ・マリアム）の指揮下から外れることになった。

ルンダ・ハウスは完璧な隠れ家であった。4つのベッドルーム、3つのバスルーム、さらに、爆弾を製造できるガレージも備わっていた。ファズルは、ここに妻とふたりの子供を連れて移り住み、ベージュ色のトラック、トヨタ・ダイナも購入した。ファズルは、もう1台小さなピックアップトラックを使い、ルンダ・ハウスに爆弾製造の材料を運び始めた。ロブスターの箱に爆弾材料を隠し、偽装して持ち込んだこともあった。

ルンダ・ハウスのガレージでは、強力な1トン爆弾をふたつ製造したが[26]、これらは、500本のシリンダーに入ったTNT火薬、化学肥料、アルミ粉で作り上げた。ファズルはこの工程をすべて監督した。爆弾の組み立てが完了した後、最後の電気回線の発火装置を製造するため、爆弾製造の専門家であるアブデル・ラフマンがルンダ・ハウスに連れてこられた。

1998年8月1日、東アフリカを取り仕切るアルカイダの最高幹部アブ・マリアムは、攻撃前日の8月6日までにすべてのアルカイダ・メンバーは、ケニアから離れるようにと命じた。攻撃はその翌日に予定されている。モイ通り

25　現在も逃亡中

26　容疑者として逮捕されたモハマド・サディク・ホワイダ（オデフの別名）は、ダルエスサラムで使われた爆弾の材料はルワンダのギャングから購入したもので、ケニア、タンザニアともに組み立ては地元のメンバーが行った。オデフは爆弾の調達と作戦の準備を命じられた。TNT火薬で250キロ爆弾を作りRDXのコードを付けて電気式の点火装置とした。これがダルエスサラムで使われた爆弾の一部となった（FRONTLINE）

とハイレ・セラシオ通りの交差点近くに位置する米国大使館は攻撃しやすい対象であった。爆弾車両を突入させる予定の大使館地下駐車場入り口では、武器を持たない警備員が守っており、そのゲートのバーは人力で上げ下げするタイプである。

攻撃日（金曜）前週の土曜日、モンバサで漁師に偽装していたオデフは、アリー・ムサラムと会った。同人は、オデフにケニアからの脱出を命じた男である。攻撃が間近に迫ってくると、オデフは気弱で頼りにならない人間になっており、金もほとんど持ち合わせていなかった。逃亡のための航空券さえ買う金がなく、パスポートも期限が切れていた。オデフのために、イエメンのパスポートをどこかで盗んできて彼に与えることになったが、まずは彼の写真を貼り替えるために、オデフに自分の写真を持ってモンバサの出入国管理事務所の前で工作員に会うよう指示した。

攻撃5日前の8月2日、ナイロビのジョモ・ケニアッタ国際空港に自爆要員の工作員が到着し、イーストレイのラマダ・ホテルまでタクシーで乗りつけ、24号室に部屋を取った。同人は、到着した旨をパキスタンの誰かに電話連絡している。自爆要員到着の日、ファズルはラマダ・ホテルまで車を運転し同工作員を迎えに行った。男は一夜も宿泊していないにもかかわらず、1泊分の料金を支払い、ふたりはホテルを出た。

一方、オデフは、早くケニアを脱出しないといけないとプレッシャーを感じていた。アリー・ムサラムは、8月3日の月曜日、オデフのために入管から出国に必要な書類を入手し、オデフは早速航空券を購入した。アリー・ムサラムは、オデフへの最後の命令として、ナイロビのヒルトップ・ホテルに行き、グループの者に会ってから出国するよう指示した。

この週には、アフガニスタンからもナイロビの空港に到着した者がいた。攻撃当日に自爆車両を運転したジハード・モハメド・アリ・アッザムである。アッザムは、ルンダ・ハウスに宿泊することになった。アブ・マリアムは、ここでファズル、アッザム、オウハリの3人に最後の命令を下した。テロ攻撃の予行練習である。ファズルが爆弾を積み込む予定のトラックを運転し、アッザムは別の車でファズルのトラックの前を走り、米国大使館までの道案内をした。オウハリも後部席に乗って同行するという指示であった。オウハリはピストルを携帯し、警備員を脅してゲートのバーを上げさせ、ファズルがゲートをくぐり、できるだけ大使館のビルにトラックを接近させるか、あるいは、地下駐車場に突入するかを検討した。また、オウハリは、警備員の目の前に手榴弾を投げつけ、彼らを怯ませようと考えた。

一方、オデフは、イエメンの偽造旅券を使ってヒルトップ・ホテルのルーム102-b号室にチェックインした。ここがテロリストたちの最後の基地となった。ここでオデフは、自爆車両に同乗しない他の4人と最後の打ち合わせを行った。

生き残る予定の者は、1週間以内にアフガニスタンで落ち合うことになっていた。しかし、オデフは、脱出の旅に不安を感じていた。彼は、西洋人の旅行者に見られるように、髭を剃られ、香水と煙草を与えられた。

8月4日、アリー・ムサラム、ファズル、それに自爆要員のアッザムとオウハリは、大使館ビルの周辺で最後の偵察活動を開始した。これには残りの3日間かけて念入りに行った。偵察を終わり、ルンダ・ハウスで車を降りた。その日の夜、アリー・ムサラムはケニアからパキスタンに飛び立った。オデフは最後の脱出者となったが、実はその時点でも準備もろくにできていなかった。8月6日の午後10時、それでもオデフは、パキスタン国際航空の便に搭乗しようとしていた。

翌朝、攻撃当日である。オウハリは黒い靴を履き、ブルージーンズに白い半そでのシャツ、ブルーのコットン・ジャケットに身を包み、ベルトに4発のスタン擲弾を差し込み、ジャケットのポケットには9ミリ口径のベレッタ拳銃を潜ませていた。

　アッザムとオウハリは、爆弾を積んだトヨタ・ダイナに乗り込んだ。ファズルは、オウハリがジャケットにピストルを忍ばせていることに気づき、擲弾が即座に取り出せるようにと拳銃を服から出しておくように命じた。

　アッザムが運転していよいよ大使館ビルに接近し、手動式のゲートまで近づいた。オウハリはトラックから飛び降りて警備員を脅そうとしたが、途中でピストルを車に置いてきてしまったことに気づき、スタン擲弾をベルトから抜き取り警備員に投げつけた。警備員は、ゲートのバーを下げたままで擲弾から逃げるようにその場を離脱した。アッザムは、オウハリが何をしようとしているのかと訝しく思いながらも大使館地下駐車場には入らず、大使館ビルに沿って平行に車を走らせ、そして起爆ボタンを押した。耳をつんざくような大きな爆発音がして、ナイロビは一瞬にして麻痺状態に陥った。

　それでもオウハリは死ななかった、彼は爆発の破片で額から血を流しながら自分の足で診療所まで歩き、爆発事件の被害者として医師の手当てを受けた。しかし、ベルトにスタン擲弾が残っていることに気付いた。あわててゴミ箱に捨てたが、誰にも気付かれることはなかった。オウハリはさらに救急車でMPシャー・ホスピタル[27]に収容されたが、そこではカリド・サリムという偽名で患

27　A hospital with a current capacity of 200 fully functional operational beds,30 dedicated critical care beds,10 renal dialysis units and12 chemotherapy units (MP Shah Hospital HP)

者登録を行った。オウハリは爆発で額に深い傷を負っており、同病院で縫合治療を受けている。

オウハリは病院を出たところで、ポケットにベレッタの銃弾が3発と、爆弾を入れて鍵をかけたトヨタ・ダイナの後部ドアのキーが入っていることに気付いた。ホテルに戻り、慌ててこれらをトイレに投げ込んで流してしまおうとしたが、流れていかなかったのを見て、窓のくぼんだ部分に隠した。「とにかく、アジトのルンダ・ハウスまで歩いて戻ろう」と考えたが、全く方向もわからない。

オウハリは、自爆車両の中で死んでしまうと考えていたため、ルンダ・ハウスにパスポートも現金も置いてきてしまっていた。ホテルでは、オウハリを助けるために従業員が言葉のわかるイエメン人を連れてきてくれた。同人は、オウハリの血まみれの服を見て新しいものを用意してくれたので、オウハリは着ていた衣服をゴミ箱に捨て、着替えることができた。

一方、前夜ナイロビを出発したオデフ、アリー・ムサラムほか4～5人のメンバーがドバイを経由してパキスタンのカラチに到着していた。

オデフは、とりあえずはパキスタンのカラチ空港出入国管理のゲートを通過することができた。しかし、空港係官も不審者の入国を許すまいと厳しい警戒体制を敷いており、そのうちの観察眼の鋭い係官が、オデフのパスポートの髭面の顔と、髭を剃った今の顔との違いに気付き、オデフに声をかけてきた。オデフは何とかその場を逃れようと、係官に賄賂を渡そうとしたがうまくいかなかった。オデフは、「ナイロビから来たのか？　別室に来てくれないか」と声を掛けられ、その場で観念して大人しく逮捕された。他のメンバーは何事もなかったように出口に向かった。ナイロビとダルエスサラムで爆発が起きる4時間ほど前であった。一方、オウハリも、事件から5日後の8月12日、ナイロビのホテルで逮捕された。

このケニアとタンザニアの米国大使館同時爆破事件は、この時逮捕されたふたりと、オウハリの携帯電話の記録から割り出されて後に逮捕されたふたりのアルカイダ工作員らの供述により、ケニアのスリーパー細胞の恐るべき実態とテロリストの周到な手口の一端が、大きな犠牲と引き換えに明らかにされたのであった。

28　Calender of Tanzania 国民の休日「農民の日」(Peasant Day)

29　HISTORY COMMONS Context of 'August 7, 1990: 'Operation Desert Shield' Begins; First US Forces Deploy in Saudi Arabia to Protect Large Oil Field'

4　タンザニアの米国大使館爆破テロの概況

逮捕者の供述によれば、タンザニアの米国大使館への攻撃は、ナイロビ攻撃のわずか10日前に急きょ決まったもので、ナイロビのように何年もかけて計画したものではないとのことである。実行日の8月7日は、タンザニアの休日であり、ダルエスサラムの米国大使館も休館であった。[28] ナイロビと比べて犠牲者が少なかった（死者11人、負傷者85人）のはこのためと考えられ、アルカイダも十分な情報が入手されておらず、準備もできていなかったのであろう。

東アフリカのテロ事件でもうひとつ重要な情報がある。それは、アルカイダの計画では、ウガンダのカンパラにある米国大使館が3番目の攻撃の標的として設定されていたということである。カンパラでのテロが実行されなかったのは、土壇場で実行に遅れが生じ、同時攻撃に間に合わないという事態に陥ったためであったとされる。

ケニアとタンザニアで同時テロが行われた1998年8月7日は、米軍が初めてサウジアラビアに到着してからちょうど8年目の記念日に当たり、[29] この日が実行日に選ばれたのは、「イスラムの最大の聖地、メッカとメジナがあるサウジアラビアに異教徒の米国が入り込んだ」としきりに米国やサウジ政府を非難していたオサマ・ビン・ラディンによる米国への報復と考えられていた。

さらなる問題は、東アフリカの米国権益がテロリストに狙われているとの情報を、米国のFBI、CIA、国務省、ケニアの情報機関、イスラエルの情報機関が事前に入手していたが、8月7日が来るまで誰も真剣に考えなかったことである。[30] この3年後に9・11同時多発テロが米国本土で起きることになるが、その時でさえ1か月前に差し迫ったテロに関する情報が米国政府に届いていたものの、然るべき対応をしなかった。もしこのことが事実だとしたら、米国は同じ過ちを2度繰り返したことになり、これは悔やんでも悔やみきれない大失態であろう。国際社会の今後の貴重な教訓となろう。

5 「イスラム国」が欧州に設置しているスリーパー細胞

(1) 「イスラム国」のスリーパー細胞は欧州のいたるところに存在

「イスラム国」は、カリフ国の建国宣言の前後に全世界から参集した2万人を超えるとされる外国人戦士のうち、生き残った者を徐々に母国や周辺国に帰還させ、あるいは、ドイツでのトラック・テロ(2016年12月)の犯人のよ

30 開発者らは、アルカイダのオサマ・ビン・ラディンがメッカとメヂナのふたつのイスラムの聖地があるサウジアラビアに米軍が駐留してきたことに怒り心頭になっていたことは知っていても、8年後の同じ日にアフリカでこのように大規模な報復があろうとは予想もしなかった(筆者注)

31 Mr. Manfred Hauser, says "the risk is abstract but very high ~ (BBC Aug, 2016)

32 How German Authorities Failed and Failed Again in the Case of the Berlin Attacker (Time Dec. 23, 2016)

うに、中東諸国から欧州にジハーディストを紛れ込ませている。何人かのテロ要員を確保できれば、現地国で組織的なテロを実行するだけのインフラが整ったということになろう。現に、ドイツのバイエルン内務情報局のマンフレッド・ハウザー副局長は、２０１６年11月の時点で、「ドイツにイスラム国のスリーパー細胞が存在しているとの情報があり、ドイツがテロリストに攻撃される可能性が高い。テロの脅威は難民たちにもたらされたものである」と英国のメディアＢＢＣに語っている。[31]

なお、ベルリンでのトラック・テロの犯人アニス・アムリが、犯行後に逃亡したのは、イタリアのミラノであった。報道にもあるとおり、アニス・アムリは、２０１１年、チュニジアからイタリア南部のランペドゥーサ島に不法入国し、直後に移民センターに放火して逮捕・投獄された。イタリア政府は、後に同人を釈放し、チュニジアへの強制送還の手続きを進めたが、書類が整わず、結局同人は難民申請するためドイツに渡ったのであった。こうした経緯があったために、ドイツ当局は、同年9月までの6か月間、密かに同人を監視下に置いてテロリストとの関係をチェックしていた[32]とされる。その間、難民申請は却下（２０１６年8月）され、ドイツもチュニジアへの強制送還手続きを行ったが、チュニジア側の書類が数か月遅れたため、その間にベルリンでのテロが起きてしまったのである。アニス・アムリは、少なくとも6つの名前を使い分け、3か国の国籍を偽装して欧州を渡り歩いていた。既に射殺されているが、捜査当局は、なおも同人がイタリアに逃亡した理由を調べている。同国にジハーディストが潜伏する何らかの支援組織が存在するとの見方をしている。

一方、米国国家情報長官室のジェームス・クラッパー長官[33]は、かねてより、「欧州には、イタリア、ドイツ、英国に『イスラム国』の秘密テロ細胞が存在する」と指摘していたが、この分析は、〝「イスラム国」のテロリストが欧州の難民政策の混乱に付け込んで侵入を計画している〟との情報に基づくものであり、まさにこのときの懸念が現実のものになっている。

33 US Intelligence Chief: Open Borders Has Allowed Islamic State to Set Up Sleeper Cells in UK, Germany (BREITBART 27 April 2016)

34 Brookings Doha Center Aug. 2015 Returning Foreign Fighters

(2) フランスとベルギーのテロも「スリーパー細胞」の作戦行動

米国主導の有志連合が、イラクで「イスラム国」に対する空爆を開始（2014年8月）して以降、「イスラム国」は、世界に拡大している組織の支持者に対し、現地で「スリーパー細胞」を構築するよう、SNSやインターネットで呼び掛けていた。有志連合による攻撃が激しさを増すにつれ、そのトーンは高くなり、同時に連合参加国への脅威度も高まっていった。2015

年11月にパリで同時多発テロが発生した際には、この脅威がピークに達することになる。

「イスラム国」がしきりに設置を呼び掛けていた先進国での「スリーパー細胞」とはどのようなものなのか？

「スリーパー細胞」とは、テロリストの秘密組織であり、世界中にちりばめられ、その場所でひたすら本部の攻撃命令を待ち、その時が来たら即座に行動を起こす。「スリーパー細胞」のメンバーは、戦士として十分に訓練を積んだ者たちであり、命令がない限りは決して動くことはない。しかし、本部との連携の在りかたは組織によって様々であるとされる。本部から直接指示を受けこれに実直に従う細胞もあれば、細胞の裁量で自由に動く場合もある。いずれの場合も本部のゴーサインをひたすら待つという点では同じである。軍人に例えるなら、予備役のようなものである。アルカイダや「イスラム国」などが「スリーパー細胞」を活用した作戦を得意としている。「イスラム国」の場合、「スリーパー細胞」を形成する者たちは、シリアに渡って「イスラム国」から軍事訓練を受け、あるいは「イスラム国」の戦士と共に戦闘を経験し、その後母国に帰還した筋金入りの兵士たちである。[34]

ドイツ・ベルリンの象徴的建造物ブランデンブルク門。テロ攻撃の標的に設定しているとの情報もあった

標的国への侵入に成功したスリーパーたちは、決して目立つことがないようにごくありふれた生活を営む。細胞といっても、２～３人で構成するケースが多く、場合によってはひとりで細胞を作ることもある。[35] 細胞同士や別々のネットワーク同士が横の繋がりを持つことはない。それこそが、敵に存在を知られないで使命を確実に果たすための最良の方法なのである。

「イスラム国」の戦術は、旅券がなくても怪しまれない難民として、欧州にジハーディストをなるべく多く送り込むというものであるが、その数は既に数千人にのぼるとみられている。[36]

２０１５年11月にパリで発生した同時多発テロ、及び２０１６年３月にブリュッセルで起きた同時テロは、両国に設置された「スリーパー細胞」による作戦行動であった。すなわち、標的国に密かに構築されている「スリーパー細胞」を活用したテロ作戦は、地元の治安・情報機関にとっては、極めて摘発が難しいテロの手法であった。[37] また、「スリーパー細胞」は、テロ組織の本部の命令一下、どこの国でもいつでもテロリストの思い通りの攻撃を仕掛けることが可能であり、テロリストにとっては、現時点でこれ以上の有効な作戦はないであろう。

35　International Business Times 2015.11.14

36　European Fighters in Syria and Iraq (CRS April 27, 2015)

37　Why keeping us safe from terrorism is so hard (CNN March 22, 2016)

38　The Gurdian French parliament votes to extend state of emergency until after 2017 elections

39　The Islamic State's External Operations and the French-Belgian Nexus (CTC Sentinel November 10, 2016)

40　Islamic State: Abu Muhammad al-Adnani 'killed in Aleppo- (BBC 31 August 2016)

6　パリとブリュッセルでのテロ事件の検証

欧州はいまだにこの事件で受けたショックから立ち直っていないようである。その後も、各国で「イスラム国」によるテロが発生しているため、フランスも非常事態宣言を外せないでいる。[38] 欧州での事件のカギを握っていたのは、「ムジャヒディン旅団」[39]（ＫＡＭ［Katibat al-Muhajirin］）（仮訳）と自称する２０１３年ころから欧州に台頭してきたイスラム過激派のグループである。このＫＡＭが、「イスラム国」がリクルートしたフランス人、ベルギー人、ドイツ人、オランダ人等の若者をシリアの「イスラム国」本部に繋ぐ役割を果たしていたようである。両事件の後、捜査を進めるうちに両国の警察は事件の役割分担を割り出し、実行者、立案者、首謀者を特定した。また、欧州における「イスラム国」の作戦には、２０１６年８月にシリアで空爆により死亡した同組織スポークスマンのアブ・ムハマド・アル・アドナニ（国外作戦部門責任者）[40] が深く関与しており、同人は、あらゆる機会に西側への攻撃を訴え、多くのジハーディストのリクルートに力を入れていたとされる。

欧州には、ボスニア戦争[41]、アフガン戦争[42]、イラク戦争[43]のころからジハーディストをリクルートする組織や影響力を持つ過激思想を持つイマーム[44]が存在し、続々と戦地にイスラム戦士を送り出していた。これらの古くからの組織の幹部が、KAMの指導的役割を果たしていることから、新しい組織を立ち上げているのは、警察の目を逸らすための偽装であろうと思われる。KAMの最初の責任者に就任したのは、ベルギーのジハーディスト組織「シャリア4ベルギー」[45](Shariah 4 Belgium)のメンバー、アボウ・シャヒードという人物であり、同人は自己の思想を喧伝するためにメディアにもよく登場していた。2013年3月にフランス南部で発生したトゥールーズのユダヤ人学校襲撃事件[46]への関与も疑われている。また、これらのグループに所属するメンバーは、常に警察や情報機関に監視されており、彼らがテロ攻撃の準備として行ったとされる軍施設、その他標的になり得る施設、カーニバルなどの偵察活動、メンバーのシリアへの渡航、爆弾の製造、銃器の入手等を行っていたことも判明している。

パリとブリュッセルのテロ事件で現地のリーダーとして細胞を率いていたアブドゥラヒム・アバウド(ベルギー人)もKAMに関係していたといわれる。アバウドの部下としてパリの攻撃に参加したメフディ・ネムノウシュという男は、シリアからの帰国後、2014年5月にブリュッセルのユダヤ博物館を

41 ボスニア・ヘルツェゴビナで1992~1995年までの間に起きた国際紛争

42 9・11事件後の2001年10月から2014年まで続いた米軍とNATO軍対タリバンとアルカイダによる戦争。原因は、オサマ・ビン・ラディンの引き渡しに応じないタリバンに対して攻撃が始まった

43 2003~2011年まで。イラクのサダム・フセイン政権打倒のための戦争であったがフセインの死後も泥沼化し、現状のように混乱したままである

44 ベルギーをイスラムの国にしようとするイスラムの過激思想を持つグループ

45 公安調査庁『国際テロリズム要覧』によれば、「シャリア4ベルギー」は、2010年3月に設立された急進的イスラム組織であり、ベルギーでのシャリア施行などを目的とし、活動中のメンバーは40人以上とされ

攻撃している。[47]

一方、「イスラム国」は、2013年の終わり頃には欧州でのテロの準備を整えていた模様である。テロリストにとって重要なことは、攻撃対象国に要員を送り込み、テロのためのインフラを整えておくことである。「イスラム国」では、サウジアラビア人のアブ・ウサマ・アル・マダニというメンバーが、要員のリクルート、新入メンバーの訓練、母国に帰国した者への指揮命令を担当する「国外作戦部門」の責任者であり、欧州のジハーディストと緊密に連絡を取っていた。

国外作戦部門は、国外の標的を攻撃するため、組織の維持、資金の提供を行い、パリの同時多発テロが実行されるほぼ1年前の2014年後半には、欧州攻撃の準備はかなり進んでいたものと思われた。しかし、「イスラム国」にも誤算があり、例えば、欧州での大規模テロを計画していた「ヴェルビエ計画」[48]が警察に摘発され、ヴェルビエ細胞の要員3人のうちふたりが射殺され、ひとりが重傷を負わせられるという出来事があった（2015年1月）。同計画の失敗により、「イスラム国」のスリーパー細胞は欧州での攻撃手段を失ったことになり、大きな痛手となった。そこで「イスラム国」は、欧州細胞の立て直しを期してメンバーのリクルートに力を入れ、10か月後のパリ同時多発テ

る。指導者はモロッコ系ベルギー人のファアド・ベルカセム（別名アブ・イムラン）で、同人は組織のスポークスマンも務める。なお、同人は2013年4月、メンバーらをシリアに戦闘員として派遣する活動を開始したとされるが、2012年10月、組織のホームページ上で解散を発表した。2014年9月、若者らをシリアに戦闘員として送り込んでいたなどとして起訴されたベルカセムを含む同組織メンバー46人に対する裁判が開始され、2015年2月、ベルカセムに禁錮12年、その他メンバーにもそれぞれ禁錮15年以下の有罪判決が言い渡された

46　フランス南西部の都市トゥールーズで2012年3月19日、バイクに乗った男がユダヤ人学校前で銃を乱射した。地元当局によると、少なくとも4人が死亡したが、うち3人は子供だった（Flickr 2012.3.22）

ロの成功へと繋げるのである。シリアの本部で活動していたベテランの指導員が選ばれて事前に欧州に送り込まれ、彼らはソーシャル・ネットワークで武器、弾薬、偽造旅券、警察官のユニフォーム等を買いそろえた。さらに、工作員のための安全なアジト、車、入手した武器の隠し場所、爆弾の材料となる化学剤も用意した。その間、シリアで「イスラム国」に参加していたベルギー人を続々と帰国させ、さらにテロ攻撃の準備も進めていた。

一方、欧州に要員を帰還させるための入り口となるのは、トルコ及びギリシャであり、この地域には、欧州テロの首謀者となるアブドゥラヒム・アバウドを配置し、欧州の入り口で要員が無事目的地に着けるよう差配した。アバウドは、その時点ではフランス・ベルギー・ネットワークの指導者になっていたが、アバウド自身は当局から手配されていたため、通常のやり方ではベルギーまでたどり着くことはできない。アバウドは、①トルコとギリシャでは作戦の安全確保、②シリアの本部と欧州細胞の間で指示伝達と調整、③工作員のための資金、移動手段の確保等の任務をこなしていたのであるが、その後どのようにしてベルギーに戻ったのかは、本人が死亡してしまったので不明のままである。一部報道によれば、自分の家族にはシリアで既に戦死したとのメッセージを入れ、偽造旅券でトルコ、ギリシャ、東欧のルートで帰還したといわれている。[49]

【前頁】47　ベルギーの首都ブリュッセル市内のユダヤ博物館で5月24日に起きた発砲事件について、イスラエル外務省のイガル・パルモール報道官は25日、死亡した3人のうちふたりがイスラエル人だったことを明らかにした（AFP 2014.05.25）

【前頁】48　ベルギー警察は、国際テロ一掃作戦の一環でヴェルビエにあるテロ組織の拠点の家を急襲した。フランスのAFPニュースによれば、今回警察が踏み込んだのは先週フランスで警官を殺害しさらにスーパーマーケットを襲撃したテロリスト、クリバリが属すネットワークに関連しているらしい（AFP 2015.1.15）

49　INDEPENDENT27 January 2016

50　"The Islamic State" (PDF). Soufan Group. Nov. 2014. I 2015 ーSーL の上級司令官。イラク人。元バアス党員

フランス・ベルギー・ネットワークをシリアのアレッポからコントロールしていたのは、ベルギー人のオサマ・アフメド・アタル[50]である。同人は、2002年にイラクに入り、2005年にイラクのラマディで逮捕された。2007年にイラクの裁判所で終身刑の判決を受けたが、その後10年に減刑され、キャンプ・ブッカ刑務所に移送された。同刑務所は、後に「イスラム国」の最高指導者となったカリフのアブ・バクル・アル・バグダディが収容されていた施設であり、アフメド・アタルは、同刑務所でバグダディと知り合いになったことが「イスラム国」に参加するきっかけになったと考えられている。同人は、2012年に釈放されると同時にシリアに渡り、バグダディを頼ったのであろう。

他方、パリ・ベルギー・ネットワークのコントローラーになったアフメド・アタルは、アバウドほかにしつこく経過報告を求め、常に本部と連絡を取るよう強要し、細胞メンバーの監督・指導にも厳しかったといわれる。同人は、いかなる通信も暗号ソフトで行うよう徹底して指導し、常に警戒を怠らなかったが、パリのサッカー競技場で自爆したテロリストが捨てた携帯電話の記録がテロ細胞のメンバー割り出しに役立ち、事件の全貌と欧州細胞ネットワークの相関図がすべて白日の下に晒されることになったのである。両事件の実行者は、一部を除いてほとんどシリアから帰還したメンバーであったが、組織の都合でベテランの戦士を欧州に送り出すわけにいかない事情があり、ジハーディストとしての訓練が十分でない者が送り込まれた。まず、シリア入りして間もない者、現地警察に知られていない者を中心に選び出し、銃器の扱いなどの基本的訓練はほとんど積んでいなかった。ただし、組織の保全、暗号の使用法などは徹底して教え込まれていた。

攻撃の標的については、本部が一般市民の多数集まるところ、インパクトのある標的を狙えとの指示を下していたが、いくつかの候補地を偵察した結果、警備が厳重な標的を避け、結局、コンサート会場とサッカー競技場が選ばれた。ブリュッセルでは空港と地下鉄が狙われたが、これは本部の指示のとおりであった。「イスラム国」本部は、「ヴェルビエ計画」(同計画ではオランダのスキポール空港への攻撃を予定していた)の失敗を埋め合わせしたいと考えていたため、空港攻撃にこだわったのであろう。

51　How Belgium Became a Top Exporter of Jihad (Terrorism Monitor Volume X111 Issue11 2015.5.29)

52　Brussels jihadists: Belgian recruiter Zerkani given longer term ゼルカニは、パリとブリュッセルを攻撃したテロリストのリクルートに関与した容疑で15年の投獄の判決を宣告(BBC News14 April 2016)

7 ブリュッセルのテロリスト徴募（リクルート）のネットワーク

２０１５年11月現在の統計によれば、ベルギーからは約５８２人の若者がシリアに行き、「イスラム国」ほかの過激派組織に参加したといわれる。[51] ベルギーの総人口が１１００万程度であることを考えると、かなり高い比率となっていることがわかる。

２０１５年11月のパリ同時多発テロ及び２０１６年３月のブリュッセルの空港・地下鉄テロが発生して以降、同国政府はこれらのテロリスト及び支持者をリクルートし、シリアやイラクに送り出している過激派組織の摘発に乗り出しているが、その中でも大きな影響力を有していると考えられる組織として「ゼルカニ・ネットワーク」[52]（Zelkani Network）と「シャリア４ベルギー」（Shariah 4 Belgium）のふたつが挙げられる。パリやブリュッセルで大規模なテロ事件が発生し、容疑者も何人か逮捕され、公判が進むうちに初めて実態が浮き彫りにされた組織である。

２０１５年当時は、ベルギーのジハーディスト養成組織と言えば、新たに

2015年以降欧州で発生した主要テロ事件

発生年月日	発生場所	概況
15.1.7	フランス・パリ	カラシニコフ銃で武装した覆面を被った兄弟がイスラムの風刺画を掲載したシャルリ・エブド誌の本社を襲撃。「アラビア半島のアルカイダ」（AQAP）が犯行を自認。警官や同社編集長など計12人が死亡、11人が負傷。
15.1.8	フランス・パリ	武装したガンマンがパリのユダヤ人用食材のスーパー・マーケットを襲い、警察官1人、店内で人質に取られた4人が死亡。犯人は前日のシャルリ・エブド襲撃事件の犯人の1人と刑務所で知り合う。
15.6.26	フランス・グルノーブル	グルノーブルの化学工場で、「イスラム国」と関係する男が一般市民の首を切り殺害し、他に数人を負傷させた。犯人は後に刑務所で自殺。
15.8.17	ドイツ・ベルリン	ベルリンで婦人警官をナイフで殺傷しようとしたイラク人の男が別の警察官に射殺される。犯人は、イラクの元首相殺害計画に関与した容疑で収監されていたことがある。
15.8.21	アムステルダム—パリ間の鉄道	アムステルダム—パリ間を走る高速鉄道列車内で武装した男が居合わせた米国海兵隊員らに取り押さえられ、警察に引き渡された。犯人はインターネットで自己過激化したといわれる。
15.11.13	フランス・パリ	パリ市街と郊外のサン=ドニ地区の商業施設において、自動小銃、手榴弾、爆弾（自爆を含む）などで武装した複数のテロリストがほぼ同時に襲撃し、130人が死亡、300人以上が負傷。欧州では最多の犠牲者を出したテロ事件となった。
16.1.12	トルコ・イスタンブール	イスタンブールの旧市街にあるスルタンアフメト地区で「イスラム国」メンバーによる自爆テロが発生、ドイツ人観光客12人が死亡。
16.2.26	ドイツ・ハヌーバー	「イスラム国」に感化された15歳の少女がナイフで警官を刺し重傷を負わせた。
16.3.19	トルコ・イスタンブール	イスタンブールの繁華街イスティクカル通りで「イスラム国」のテロリストとみられる男による自爆テロが発生、5人死亡、36人負傷。
16.3.22	ベルギー・ブリュッセル	ブリュッセル空港とEU本部に近い地下鉄内で自爆テロが発生、死者35人（犯人3名を含む）、負傷者340人。パリ同時テロと同じ「イスラム国」

発生年月日	発生場所	概況
		関連の細胞が犯行。
16.5.10	ドイツ・グラフィング	ミュンヘン近郊のグラフィング鉄道駅で、ドイツ人の男が「アッラーは偉大なり!」と叫びながらナイフで１人を刺殺、３人が負傷。
16.6.13	フランス・パリ郊外	「イスラム国」に忠誠を誓った男が、警察官とその妻、秘書の女性をパリ郊外の同警察官の自宅で刺殺。
16.6.28	トルコ・イスタンブール	トルコのアタチュルク空港で複数のテロリストが銃を乱射した後に自爆し、44 人死亡、約 240 人負傷。「イスラム国」の犯行が疑われる。
16.7.14	フランス・ニース	フランス南部のニースで、革命記念日（バスチーユ・デイ）の花火大会を見物した群衆に向けトラックを暴走させるテロが発生。84 人死亡、200 人以上負傷。
16.7.18	ドイツ・ウルツブルグ	ウルツブルグの鉄道列車内で 17 歳のアフガニスタン難民の少年が斧とナイフで乗客に切りつけ、５人負傷。犯人は警察に射殺。犯人の自宅から手描きの「イスラム国」の旗を発見。
16.7.22	ドイツ・ミュンヘン	イラン系移民のドイツ人少年がミュンヘンで 9 人を銃で殺害し、後に自殺。
16.7.24	ドイツ・アンスバッハ	バイエルン州アンスバッハで難民申請を却下された 27 歳のシリア人がフェスティバル会場入り口で自爆、本人が死亡したほか 15 人負傷。
16.7.26	フランス・ルーアン	フランス北部ルーアンにある教会にナイフを持った２人組が押し入り、司祭が殺害され、１人が重体。犯人２人は警察が射殺。
16.8.6	ベルギー・シャルルロワ	ベルギー南部シャルルロワで 33 歳の男が女性警官２人をナタで襲い重軽傷を負わせた。犯人は不法滞在中のアルジェリア人で警察に射殺。「イスラム国」が犯行声明。
16.12.19	ドイツ・ベルリン	ベルリン中心街の人混みのクリスマス・マーケットに大型トラックが突っ込み、12 人死亡、48 人負傷(うち何人かは重傷)。「イスラム国」が犯行を自認。犯人は 23 日、イタリア・ミラノで警官に射殺。
16.12.19	トルコ・アンカラ	イズミル警察学校出身の男が、ロシアのアンドレイ・カルロフ駐トルコ大使を射殺。犯人は、「アレッポを忘れるな」と叫び、アレッポで民間人を殺害しているとロシアを非難。犯人も射殺される。

注：各事件の犠牲者数はある時点の報道に基づいており、最終的な数字と異なっている場合がある。

台頭してきた「シャリア4ベルギー」が代表的な組織であり、多くの若者をシリアやイラクの戦線に送り込んでいた。

パリとブリュッセルでの両事件後、「シャリア4ベルギー」とはルーツを異にする強力なリクルート組織「ゼルカニ・ネットワーク」が脚光を浴びるようになった。「シャリア4ベルギー」は、ベルギーからシリアに渡ったジハーディストのうち、約14パーセントの80人をリクルートしたといわれるが、「ゼルカニ・ネットワーク」もこれに次ぐ勢いでシリアへの渡航を希望する若者を獲得している。最近判明した数字では59人の若者のリクルートに関与したといわれている。パリでのテロ事件で主導的役割を果たしたベルギー人のアブデルハミド・アバウドとシャキブ・アクロフ、さらには、パリ、ブリュッセルで使われた爆弾を製造し、ブリュッセル空港では自らこれを使って自爆したナジム・ラーシュラウィの3人は、「ゼルカニ・ネットワーク」にリクルートされたテロリストであった。

「ゼルカニ・ネットワーク」の拠点は、ベルギー・ブリュッセル郊外のイスラム教徒が多く居住するモレンベーク地区[53]である。モロッコ系移民のカリド・ゼルカニ（42歳）が逮捕されるまで指導者を務めていた。ゼルカニ自身は

53　パリ同時多発テロの首謀者で「イスラム国」の外国人戦士であったアブデルハミド・アバウド、バーやレストランを銃撃したブラヒム・アブデスラム、弟のサラ・アブデスラム（逮捕され身柄拘束）の3人はいずれもモレンベークの出身である。さらに、2004年3月のマドリード列車爆破、2014年のブリュッセルでのユダヤ博物館銃撃テロ、2015年のアムステルダム発パリ行き高速列車内での銃乱射事件の容疑者も一時期、モレンベークに住んでいたといわれる

パリ・ブリュッセルのテロ容疑者リスト

本名	偽造IDの名	欧州再入国	活動内容
ビラル・C	ジラド・サマス	2015.7.16 ハンガリー	偵察担当
アブデルハミド・アバウド	不明	2015.8.1	モロッコ系ベルギー人。ブリュッセルのモレンベーク地区出身。パリ事件の首謀者。28歳
ビラル・ハディフィ	不明	2015.8.25 ハンガリー	フランス人。20歳。パリのスタッド・ド・フランス（サッカー・スタジアム攻撃）で自爆
	アフマド・アルモハンマド	2015.10.3 ギリシャ	パリのスタッド・ド・フランス（サッカー・スタジアム攻撃）で自爆。シリア難民を装って欧州へ
	ムハマド・アルマフムード	2015.10.3 ギリシャ	パリのスタッド・ド・フランス（サッカー・スタジアム攻撃）で自爆。「イスラム国」はイラク人と発表
イスマエル・モステファイ	サラー・ジャメル	2015.9.9 ハンガリー	パリ・バタクラン劇場（コンサート会場）攻撃。29歳。アルジェリア系フランス人。2013年にシリア入り
サミル・アミモウル	フセイン・アルキフ	2015.9.9 ハンガリー	パリ・バタクラン劇場（コンサート会場）攻撃に参加。28歳。かつてイエメンでの戦闘に参加
フォウエド・モハメド・アッガド	フォウアド・ムース	2015.9.9 ハンガリー	パリ・バタクラン劇場（コンサート会場）攻撃。23歳。モロッコ系フランス人。2013年シリア入り
ブラヒム・アブデスラム	不明	2015.8.25 ハンガリー	機動チーム要員。ベルギー在住のフランス人。31歳。パリのレストラン攻撃に参加し自爆
シャキブ・アクロウフ	不明	不明	機動チーム要員。モロッコ系ベルギー人。25歳。パリ攻撃の5日後、警察の襲撃時に自爆
A・アフメド	アフメド・カレド	2015.10.2 ドイツ	パリ攻撃に参加
イブラヒム・エル・バクラウィ	不明	不明	モロッコ系ベルギー人。30歳。ブリュッセル空港で自爆。前年夏、トルコで「イスラム国」との関係した容疑で逮捕。ベルギー政府に提報していた
カリド・エル・バクラウィ	不明	不明	モロッコ系ベルギー人。27歳。ブリュッセルの地下鉄で自爆
モハメド・アブリニ	不明	不明	モロッコ系ベルギー人。32歳。パリとブリュッセルでのテロ計画、実行に参加。ブリュッセル空港で他のテロリストと監視カメラに写っている
モハメド・ルカイド	ソフィアン・カヤル	2015.9.3 ハンガリー	支援チーム。ブリュッセル事件に関与
サラ・アブデスラム	不明	不明	支援チーム。モロッコ系フランス人（ベルギー生まれ）。パリ事件でテロリストを車で運ぶ。26歳
ナジム・ラシュラウィ	サミル・ボウジド	2015.9.3 ハンガリー	モロッコ系ベルギー人。25歳。パリ、ブリュッセル両テロ事件で使用した爆弾製造。ブリュッセル空港で自爆
オサマ・クラエム	ナイム・アルハメド	2015.10.2 ドイツ	シリア系スウェーデン人。25歳。ブリュッセルの地下鉄で自爆。2015.11.13 オランダ、スキポール空港攻撃計画に関与
ソヒエン・アヤリ	メニル・アルハジ・アフメド	2015.10.2 ドイツ	2015.11.13 オランダ、スキポール空港攻撃計画に関与
アデル・ハッダディ	カレド・アルオマル	2015.10.3 ギリシャ	テロ攻撃には不参加
ムハマド・ウスマン	ファイサル・アルアイファン	2015.10.3 ギリシャ	テロ攻撃には不参加

〈ハンガリー・カウンターテロセンター（TEK）発表〉

（濃い網掛け）パリ同時テロ参加者　（薄い網掛け）ベルギー空港・地下鉄テロ参加者

2015年7月、裁判所で禁固12年の判決を受けている。同裁判の判決文によれば、ゼルカニは、若者を洗脳して過激化させ、自発的にイスラムのために身を捧げるように仕向け、シリアへの渡航費用を捻出するため、犯罪行為に手を染めるよう唆《そそのか》したとのことである。イスラム教では、他人の物を盗むことは固く禁じられているが、この辺りは都合よく解釈しているようである。ゼルカニが自らテロ計画に参加したという確かな証拠はないが、同人の罪状は、多くの若者をイスラム過激派組織にリクルートし、危険な紛争地に送り込んだことと、ベルギーやフランスを含む欧州におけるテロに参加させた罪は決して軽いものではない。同ネットワークの構成員に犯罪での逮捕歴がある者が多いのは、ゼルカニが、組織の方針として窃盗や強盗などの犯罪を奨励していたためであった。ベルギーの治安機関は、2012年の初め、ゼルカニが、過激派の会議で西側でのテロ攻撃の必要性を力説している発言を傍受していたといわれる。ゼルカニの存在が警察に知られるようになった最初の瞬間であろう。また、同人は「イスラム国」のためだけでなく、ソマリアの過激派「アル・シャバーブ」[54]やアルカイダのためにも戦士を供給するなどして協力していたとされる。

54　2007年1月設立。最高指導者はアハマド・ディリエ。勢力は約5000人でそのうち核になっているのは3000人ほど。イエメン人、スーダン人、ケニア人などの外国人戦闘員合わせて300人が加わっている（『国際テロリズム要覧2016』）

8 「シャリア4ベルギー」と「ゼルカニ・ネットワーク」の手口の違い

イスラム移民の多い欧州には、１９９０年代のイラク戦争、２０００年代の、アフガン戦争のころから、イスラム過激派を支援し、要員をリクルートして紛争地に送り出すネットワークが各国に存在していた。また、特に米国で９・11テロが発生して以降、欧州でも数々の大規模テロが起きるようになった。様々な社会矛盾を抱える中で若者たちが自己のアイデンティティを再確認するために過激派組織に傾倒していったことはむしろ自然の成り行きであり、今後起こり得るテロを防止するためには、テロリストの事前摘発と合わせて、社会そのものの改革が必要であることは、各国政府、学術・研究機関、マスコミ、市民団体等が指摘している通りであろう。

話をベルギーに根付いたテロ支援のネットワークに戻そう。

ゼルカニ・ネットワークの要員リクルートの手口は、「シャリア４ベルギー」のそれと基本的にほとんど変わるところはない。しかし、「シャリア４ベルギー」の指導者フォウアド・ベルカセムは、テレビの討論番組にもよく登場し、ユーチューブも利用して持論を主張するなど、比較的オープンに活動していた。そのほか、メンバーたちも、大衆デモや商店街での辻説法でも、道行く人々に直接訴える形でジハーディスト運動への支援、参加を呼び掛けてきた。「シャリア4ベルギー」は、ベルギー北部のアントワープを拠点にしており、いわゆるオランダ語圏に属しているため、メンバーの多くは、通常、オランダ語を使用している。言語の関係からも、「シャリア4ベルギー」は、ベルギーやフランスのグループとの交流は少なかった。ふたつの性格が異なるグループが接近したのは、シリアの前線で両組織のメンバーが出会っていたためであり、その橋渡しになったのは、ブリュッセルのテロ事件に関与して事件後に逮捕された「シャリア4ベルギー」のメンバー、ビラル・エル・マホウヒであり、同人がシリアから帰国して以降、両グループは母国におけるテロの謀議でも協力するようになったと考えられる。

他方、フランス語圏のモレンベークを拠点とするゼルカニ・ネットワークは、「シャリア4ベルギー」とは異なる性質を持っている。ゼルカニ・ネットワークは、とにかく秘匿性が高い組織であり、ウェブサイトもなければ組織のロゴもない。組織名さえも明確なものを持っていないのである(「ゼルカニ・ネットワーク」という名は第三者が便宜上つけた通称と思われる)。さらに、

55　Majlis Shura al-Mujahedeen (MSM)。MSMはシナイ半島やガザ地区を拠点とし、イスラエルやハマスに抵抗して戦うイスラム過激派組織。2012年6月19日発足(TRAC)

56　「イスラム国」の国外組織でフランス、ベルギー細胞と繋がりがある

同ネットワークによるリクルートの方法は、本来の姿を全く想起させないスポーツ・サークル、娯楽グループなどを装い、本来の目的を秘匿して対象にアプローチするという手口を使っていた。したがって、最初の段階からイスラムや過激派を匂わせるような話題を取り上げることはない。指導者のゼルカニの写真さえネットで探し出すことができないほどの周到さである。ゼルカニはそれほど用心深い男であるが、さらにその用心深さを裏付けるエピソードがある。ゼルカニは、外国に電話する際は決して自分の携帯電話を使わず、他人の電話を使っていた。また、警察がＧＰＳでゼルカニの居場所を特定できないように、自分名義の電話はほかのメンバーに持たせていたといわれる。２０１５年7月29日に行われたゼルカニの裁判の記録によれば、ゼルカニがアフガニスタンとパキスタンの国境地帯に所在するテロリストの訓練キャンプで訓練を受けたことが指摘されている。

他方、ベルギーにおけるふたつのグループは、シリアのアレッポに拠点を構える「イスラム国」の現地ミリシア組織「マジリス・シューラ・アル・ムジャヒディン[55]」（Majilis Shura al-Mujahideen）や「カティバト・アル・ムジャヒディン[56]」（Katibat al-Muhajirin）、などと連携しており、ゼルカニがリクルートした要員はこれら現地組織に送り込まれていた。ただし、「ゼルカニ・ネットワーク」、「シャリア4ベルギー」ともに、数は少ないものの、「イスラム国」だけでなく、アルカイダ系のヌスラ戦線にもリクルートした要員を送り込んでいたといわれる。

「ゼルカニ・ネットワーク」からシリアに送り込まれた要員のうち、少なくとも3人が母国に帰還し、パリとブリュッセルで大規模なテロ事件を起こしたのであった。これらのグループが欧州のジハーディストのネットワークに与えた影響は無視できないものであり、その後更なるテロ攻撃の呼び水となっている。特に、都市部のソフトターゲットに対する厳重な警戒が求められる。

9 欧州で起きているテロの特徴は「ローン・ウルフ」型

現状では、テロリストがテロの標的として最も狙いやすい地域のひとつに欧州が挙げられている。EU各国は毎日押し寄せてくる難民の問題に翻弄され、シリアやイラクから舞い戻ってきたテロリスト、いわゆる外国人戦士達によるテロの脅威にも対抗しなくてはならない。イスラム過激派組織「イスラム国」

57 TGA Soufan Report 2015

58 単独犯によるテロ。事前摘発が困難

は、西欧諸国への復讐に燃えており、何とか標的国の治安・情報機関による摘発を逃れ、各国に痛撃を与えようと作戦を練っている。

「イスラム国」は、2014年にカリフ国の建国宣言を世界に向けて発信して以来、世界の数十か国からイスラムの夢を見る若者が続々と押しかけるようになった。[57] しかし、あれから2年半以上が経過し、「イスラム国」の勢いにも陰りが見え始め、イラクやシリアでは、あれだけ堅固に守られてきた拠点が次々に陥落している。カリフ国での理想を求めてシリアやイラクに渡ってきた外国人戦士たちも、これほど環境が激変してしまえば、もはや「イスラム国」に魅力を感じる若者も大幅に減少しているであろう。彼らをなおも両国の砂漠に引き留めているのは、裏切りを許さない厳しい掟《おきて》であり、自分の命を守るためにようやく組織に留まっているに過ぎないのであろう。

彼らが生き残る最良の道は、組織の命を受け、母国に帰って報復のテロを行うことであろう。しかも、組織が常に注意喚起しているように、テロ計画が事前に敵に探知され逮捕されては何にもならないのである。そこで今彼らが帰還戦士に指示している方法が、単独犯によるテロ、まさにローン・ウルフ型のテロ[58]である。

ローン・ウルフとは、文字通り単独で行動するテロリストのことであり、さらに重要なことは、ローン・ウルフは既存のテロ組織から支援を受けないということである。欧州で起きているテロ事件は、パリとブリュッセルで起きた同時多発テロ以外はほとんどが単独か2~3人の小規模細胞が実行している。このタイプのテロは昔からあったパターンであるが、前述のように、「イスラム国」は、攻撃の規模よりも確実に攻撃を成功させられる方途を選んだのである。しかし、実行者が単独であろうと少人数であろうと、相手の犠牲者をより大きくすることは可能である。トラックで人ごみに突入したニースやベルリンでのテロはその典型である。相手の思いもよらない方法で攻撃すれば、それだけ効果は高まることになる。

実は、「イスラム国」は、建国宣言とほぼ同時期から個人による攻撃の必要性を説いてきた。したがって、ローン・ウルフ型のテロは、イラクとシリアの戦線で劣勢に立たされたから採用されるようになったわけではないのである。ただし、「イスラム国」は、より大きな犠牲を出すよう方法を工夫しているきらいはある。『グローバル・テロリズム・インデックス』2016年版によれば、2015年のローン・ウルフによる攻撃での死者数は、前年比で22パーセント上昇したとのことである[59]。今後も彼らは思いがけない方法でテロ攻撃を仕掛けてくるであろう。

59 Global Terrorism Index 2016, p45

第8章　テロリストの資金

テロを防止するには、テロに必要な「ヒト、モノ、カネを断て」とはよく言われてきた言葉である。2001年に9・11米国同時多発テロが起きた後、世界中の政府機関、治安・情報機関が躍起となってテロリストの摘発に努め、テロ資金の流れを止める作戦[1]を展開してきた。冷戦時代に盛んに行われたいわゆる国家支援テロ（State Sponsored Terrorism）は影を潜めたものの、代わりに新たなテロの脅威として、イスラム過激派による西側社会や中東の王制国家に対するテロが無差別に市民社会を襲うようになった。

大規模テロが起きると、テロリスト側が要したコストも莫大なものになると思われがちだが、国連等の報告を見ても、テロの経費は意外と少ないものである。犯罪組織が麻薬取引やその他の犯罪で得る金額に比べ、テロリストの資金ははるかに少額である。国連や各国政府が発表した報告によれば、これまでに発生している主要なテロ事件にテロリストが投入したとされる費用[2]は、

◉ロンドン地下鉄・バス爆破テロ事件（2005年7月）8000ポンド
◉マドリード列車爆破テロ事件（2004年3月）10万ユーロ

1　FATFはマネーロンダリングやテロ資金に関する金融活動作業部会
2　UN Monitering Team, Analytical Support Monitering Team Appointed pursuant and Sanctions to Resolution 1526 (2004)

◉バリ島爆弾テロ（2002年10月）5万ドル
◉9・11米国同時多発テロ（2001年9月）40〜50万ドル
◉米駆逐艦コール号爆破テロ（2000年10月）1万ドル
◉ケニア・タンザニア米大使館爆破テロ（1998年8月）5万ドル

程度である。したがって、金額の多寡のみでテロリストの計画をあぶり出すことは極めて困難であり、テロを未然に防ぐためには、資金の流れ以外にもテロの端緒となる情報が絶対的に必要であり、各国の治安・情報機関の知恵の絞りどころとなる。

1　テロ資金の調達、その使われ方

テロリストがテロ攻撃に掛ける金額が思いのほか少ないことは既に述べた。特に、最近では、「イスラム国」にしてもアルカイダにしても、テロ計画を事前に摘発されないために、現地細胞には詳細にわたる注意事項を徹底させ、さらに、攻撃の実行主体も、極力小規模のグループまたは単独で攻撃を行うことを奨励している。そのために、基本的に気を付けている点は、

◉警察がモニターしていることを念頭に入れ、携帯では通信しない
◉武器調達などでは決して足がつかないよう気を付ける
◉使用武器は銃器や爆弾にこだわらず、身の回りのものを何でも使う
◉資金の調達または移動は金額が大きいと警察に察知されやすい
◉ジハーディストと察知されないよう静かに地味に暮らす

などである。これほど警察や治安・情報機関が必死になってテロの防止に努めていても、テロリストが網の目を潜り抜けるようにして次々とテロを成功させているのは、テロリストも警察の捜査の手法を十分に研究し、その逆手を取るべく常に手口を変えているためであろう。

ここでは、テロリストがテロの実行に必要な資金をどのように調達し、どのように使っているか、逮捕されたテロリストの供述などから得られた情報をもとに検証してみたい。

9・11同時多発テロのような大規模なテロは、テロリストの本部から然るべ

3　辻雅之「EU（欧州連合）の基礎知識」
4　関連トピックス　EUが新「テロ資金」対策提案、現金・金などの持ち込み監視強化（ロイター　2016. 12. 22）
5　Tracking Down Terrorist Financing (New Council Special Reports April 4, 2006) http://www.cfr.org/terrorist-financing/tracking-down-terrorist-financing/p10356#p6

き金額の資金を送金してもらう必要があることは当然である。同テロ事件では、４機の航空機をハイジャックした実行犯だけでも合わせて19人おり、彼らの活動費、生活費のほかに、実行犯を支えるロジ担当者なども応分の手当てを得ていたと思われる。しかし、この９・11テロ以降、同事件で得られた教訓を生かし、さらに、テロリストの手口等も続々と解明されてきたために、世界が一致してその対策に当たり、これ以降は、先進国ではなかなか同規模のテロが起きにくくなっていることも事実である。いま欧州で起きている「イスラム国」によると思われるテロは、難民問題と欧州の独特な政治体制[3]の隙間を突いたテロであり、これこそが彼らが必死で考え抜いた新たなテロの手口であろう。

　パリやブリュッセルで起きたテロでも、テロリストたちは資金不足でかなり苦労していたということである。ベルギーのテロ細胞のメンバーたちは、犯罪歴がある者が多く、テロ資金のかなりの部分を犯罪活動で得ていた[4]ともいわれる。彼らをリクルートした組織の指導者たちは、テロのための資金を得るために、窃盗、強盗、強請、麻薬取引などの犯罪を行うよう指示していたというが、このような犯罪であれば、短い期間でかなりの金額を稼ぐことができる。リクルーターの幹部が犯罪を奨励したのは、親組織からテロ資金を得ると[5]、資金を移動する際に警察に探知されやすいとのリスクを考慮に入れていたためと考えられる。犯罪も警察に捕まる危険は高いが、元来、敬虔な宗教思想に裏付けられたイスラム過激派の矜持として、「犯罪に手を染めることは神に背く行為」との思想もあり、このことが警察側の意識の中にもあったとしたら、逮捕しても即座にテロと結びつかないとの思い込みもあったであろう。したがって、テロリストは、この点でも警察の裏をかき、わずかな刑期で釈放された後に再びテロ細胞に戻ってくれれば、疑われることも少ないのである。パリとブリュッセルでテロ事件を起こした同細胞のテロリストたちは見事に警察の盲点を突いたと言える。

他方、犯罪でテロ資金を自己調達するという手法のほかに、伝統的な方法として、イスラムの慈善団体やＮＧＯからの寄付をテロ資金に充てるという例もかつては多く見られた。しかし、これについては、各国政府が厳しい目で監視しており、既にテロリストとの関係が深かった慈善団体等はほとんどが解体されるか国連や各国政府の制裁対象になっているため、個人レベルを除き、大掛かりなテロへの支援はほぼ封じられてしまっていると見てよいであろう。事実、１９９０年代半ばから２０１３年の間に欧州で発生したテロ事件のうち、慈善団体からテロ資金を調達した例はわずか2件にしか過ぎない[6]。イスラムの社会では、貧しい者への寄付（ザカート）は、イスラム教徒の義務のひと

6　The financing of jihadi terrorist cells in Europe Country to common assumptions, only two cases (5%) involve funding from Islamic charities (FFI-rapport 2014/02234)

7　Walter Enders and Eric Olson Measuring the Economic Costs of Terrorism As was the case with 9/11, the indirect costs of an attack can far exceed the direct costs http://www.socsci.uci.edu/~mrgarfin/OUP/papers/Enders.pdf

つであることから、膨大な額の寄付金が集まり、アルカイダなどのテロ組織がその金額の多さに目を付け、自ら慈善団体やNGOを設立し、テロ資金を調達していたことが知られている。しかし、現在は、チャリティの本来の機能は引き続き歓迎されているものの、テロとの関係はすっかり断たれてしまっている。

　それでは、資金を調達して後、テロリストはこれをどのように使うのであろうか？　テロ資金には、武器や車両の調達、アジトの設定、標的の偵察に必要な費用、移動のための費用等、直接テロに掛ける経費と、要員のリクルート等、準備段階で必要となる間接的な費用とがある。金がかかるのは、むしろ後者の方であり、テロを立案し長期間かけて準備をすると、その間の全ての経費は膨大なものとなり、支出に見合った資金をどこかで調達しなくてはならなくなる。シンガポール南洋理工大学のアラビンダ・アチャルヤ客員教授（Visiting Prof, Arabinda Acharya）の「ターゲッティング・テロリスト・ファイナンシング」[7]（Targeting Terrorist Financing）によれば、テロにかける間接費用は直接費用の10倍以上になるとのことである。間接費用に含まれるものは、新しいメンバーのリクルートのための費用、訓練キャンプの建設・維持費、その他のインフラ建設費用、腐敗公務員への賄賂、メンバーの家族のための経費などであり、瞬間的に終わってしまうテロの直前にかかる直接費用とは、確かに比較にならないほど多額になるであろう。

最近のテロ組織の特徴は、いかにテロの実行前に摘発されないようにするかであり、このためにテロリストによる暗号通信が急速に普及してきた。共通のカギ（パスワード）を持っていない限り解読ができない優れたシステムであるが、暗号ソフトは、コストは廉価である上、秘匿性も高いため、警察にとっては通信傍受の効能もすっかり失われ、警察はテロリスト側が通信手段でミスを犯す瞬間を待つしかないという辛い状況が今も続いているのである。

その意味では、現状は、テロリストの術中にはまってしまっているという印象が強い。テロリストは常に先手を打って攻めてくる。テロ資金からテロ計画が発覚しないように工夫し、テロ実行のためにどうしても資金が必要であっても外からの支援は最小限に抑え、場合によっては自分たちの貯金や給料からテロ資金を捻出している。２００５年7月にロンドンで起きた地下鉄及びバスでの自爆テロ事件では、実行犯の４人は、自己の持ち金を約８０００ポンド程度使ってテロを実行したといわれている。[8] テロ資金の出所としていくつか挙げられるが、前述のように、テロリスト自身の自己資金でテロを敢行したケースは、同じく欧州での２０１３年までの20年間で58パーセントにのぼり、麻薬密売や窃盗、強盗などの犯罪行為によるものは28パーセント、アルカ

8　８０００ポンドの内訳——外国旅費、爆弾製造費、アジト家賃、レンタカー代、国内移動費（ICPVTR）

9　The financing of jihadi terrorist cells in Europe (FFI-rapport 2014/02234)

10 The financing of jihadi terrorist cells in Europ Self-financing is widespread 47% of the cells are entirely self-financed (FFI-rapport 2014/02234)

イダなどの国際テロリスト集団から支援を受けたケースは25パーセントであった[9]（組織によっては、右記手法を組み合わせて資金を調達していたため、合計で100パーセントを超える）。また、これが、2008年から2013年までの5年間の統計では、半数以上のテロ細胞がふたつ以上の方法で資金を集めていたが、自己資金を使用していた細胞は全体の47パーセントにも上っている[10]。2001年の9・11米国同時多発テロ以前は、ほとんどのテロ事件で実行犯は国外のテロ組織から資金を得ていたが、2010年以降はそれがほとんどなくなっている。テロ資金を標的とする警察・治安機関の規制が厳しくなったことと、SNSなどを使って離れたところでリクルートされ、離れたところからコントロールされているテロリストが多くなっていることから、各テロ細胞の独立化が進んだことが理由として挙げられるであろう。

2　テロリストが自己資金でテロを行った実例

テロリストが他から一銭の資金援助も得ずに自分たちの給料と預金のみを

使ってテロを実行したケースがある。2007年6月29日、ロンドンの西地区で2件の車爆弾によるテロが発生した。犯人は、いずれもガスボンベに火薬、釘を詰め、車の中に置いて携帯電話によるリモートコントロールで点火させようとしたが爆発しなかった。警察が即座に捜査を開始したが、犯人のふたりは事件が未遂に終わったことを見届けると、住居があるスコットランドのグラスゴーに引き上げていった。翌6月30日、実行犯のふたりは車でグラスゴー空港に向かい、ターミナルでの自爆計画を実行しようとした。結局この目論見《もくろみ》も失敗に終わり、犯人のひとりが車に灯油をかけ、火をつけて車を燃やしたがそれでも爆弾は爆発せず、ふたりは即座に警察に拘束された。うちひとりは、放火の際に重度のやけどを負い、後に死亡が確認されたが、もうひとりは無事であった。犯人が逮捕され、尋問を行った結果、右記のふたり以外に共謀者が8人いることが判明し、8人とも逮捕された。うち7人は英国人で、ひとりはオーストラリア人であった。

同事件の特徴点は、犯人、共謀者のほとんどが医師であったことである。このことから、同テロ未遂事件を実行したテロ細胞は「ドクター・セル」（医師細胞）と呼ばれている。逮捕された9人のうち、6人はその後証拠不十分で釈放されている。逮捕された実行者のビラル・アブドッラー（Bilal Abdullah）

11　Brilliant student, doctor - and now a terror suspect (THE INDEPENDENT3 February 2017)

はインド系の医療技師であり、2008年に禁錮32年の判決を受け服役中である。その他、ヨルダン系の准医師であるAは、テロ資金供与とテロのアドバイスを行った容疑で逮捕されていたが、後に釈放されている。

この事件では、もうひとつ重要なポイントがあった。それは、この「ドクター細胞」は、テロ組織中枢からの資金援助を全く受けずに独自の資金を使ってテロに及んだことである。同事件の裁判記録[11]によれば、実行犯のビラル・アブドゥラーは、アルカイダと関係し、2006年にイラクに渡った後にテロリスト・キャンプで訓練を受けたと供述している。さらに、同人のパソコンを調べた結果、同人が「イラクのアルカイダ」（AQI）のメンバーであるとのデータが発見された。イラクでは軍事行動にも参加したとみられていたが、そのことを証明する証拠までは得られなかった。アルカイダから一切の資金を受け取らなかった「ドクター細胞」は、自分たちの給料と預貯金だけで爆弾車両用の中古車（合計3台）を購入し、爆弾も購入した。ビラルは、スコットランドのアレクサンドロ病院で研修医として勤務し、毎月1700～2500ポンド（2007年6月時点のレートで約3400～5000ドル程度）の給料を得ていた。また、後に無罪となったAは、英国の某大学病院の神経科主任医師を務め、給料は月2400ポンド（同約4800ドル）を得ていた。

同人は、ビラルから1300ポンドを借金していた（ビラルとAは、以前同じ大学で準医師として勤務しており、その際に知り合い親しくなっていた）が、テロの実行を前にビラルから返済を求められ、返済した。警察は、この際の資金の移動を見て、ビラルにテロ資金を提供したように誤認したものと思われる。Aは、自分が返済した金がどのように使われていたか全く知らなかった。Aが後に釈放されたのは、検察が共謀罪として立証する前に、借りた金を返済したに過ぎないことが判明し、疑いも晴れたためであった。

一方、ロンドン及びグラスゴーでのテロ未遂事件にかかった資金は、ほとんどがビラルの給料から出ていたものと思われる。テロのために支出した総額は、7000～8000ポンドと考えられている。その内訳は、爆弾製造用のアジトの家賃と爆弾材料のほか、爆弾車両（中古車）3台分、それと携帯電話である。

「ドクター細胞」が自分たちの給料や預貯金のみからの支出にこだわったのは、テロ組織から資金を得たとすれば、政府機関による厳しい監視の目に晒されてしまい、事前に計画が発覚し、逮捕される危険性が高くなることを恐れたためであろう。もっとも、自己資金でテロの費用を賄えたということは、彼らが比較的裕福であったという条件のほかに、メンバーの教育程度も高く、警察

12　2000年にフランスのストラスブールでクリスマス・マーケットを狙ったテロ計画が摘発されたが、その後もストラスブール細胞は健在であり、2016年にもストラスブールとマルセイユでクリスマス・マーケットへのテロを計画していた同細胞を警察が襲撃し、7人を逮捕した（CBS News, November 21, 2016）

のテロリスト摘発の方法を熟知しており、巧妙にその裏をかくことができたためであろう。

このように、最近のテロ細胞のメンバーは、常にセキュリティを念頭に入れ、金の動きから計画が発覚しないよう細心の注意を払っている。ATMで引き出せる程度の金額を下ろし、爆弾の材料を購入する際も、できるだけ離れた複数の商店で少量ずつ買い集め、時間も数週間かける場合がある。2000年にクリスマスのマーケットを攻撃したフランス東部のストラスブール細胞[12]は、国境を越えてドイツまで出かけて爆弾の材料を調達し、それも少量ずつ48軒の店舗で購入したことが判明している。

テロ資金の調達方法

自己調達資金	外部調達資金
合法手段による資金調達	**大衆からの資金**
個人資産（給料、福祉手当、貯金）	寄付金
商業利益	慈善事業
借り入れ金、クレジットカードのローン	資金調達行為
家族からの融資	個人献金
非合法手段による資金調達	**テロ組織による資金支援**
窃盗、強盗	国際テロ組織からの資金
不法取引（麻薬、盗難車、偽造書類ほか）	その他欧州細胞／ネットワーク
偽造通貨、偽造書類	国家支援の資金
その他の詐欺行為（オンライン詐欺、福祉詐欺、カード詐欺ほか）	
その他重大犯罪（誘拐、強奪）	

〈出典：FFI-Rapport 2014/02234 The financing of Jihadi terrorist cells in Europe〉

3 パキスタンの「ラシュカレ・タイバ」（LeT）、欧州で暗躍

パキスタンを本拠とする「ラシュカレ・タイバ」（LeT[13]）は、かつてはパキスタン国内やカシミール地方などインドを標的とした激しいテロを行っていたが、2000年代からアルカイダとの関係が深まって以降、国外に出てテロを行うケースが増えている。中でも、2008年11月に発生したインド・ムンバイでの大規模テロに関与したことが逮捕された実行犯の供述などからも明らかになっているが、同ムンバイ・テロ事件を契機として、LeTは欧州でのテロにも関与していたことが明らかになっている。

欧州でのLeTの関与は、主に地元テロ細胞への資金提供である。デンマークの大手新聞社「ユランズ・ポステン」は、2005年9月にイスラムの預言者ムハンマドの風刺画を12枚掲載し、イスラム社会から厳しい批判を受け、アルカイダなどのテロ組織からも報復のテロ攻撃が警告されていた。アルカイダは、2008年6月、パキスタンのイスラマバードに所在するデンマーク大使館に対し、車両による自爆攻撃を行い、8人を殺害、約30人を負傷させる

13　1990年創設。最高指導者ハフィズ・ムハンマド・サイード。カシミール地方及びパキスタン・パンジャブ州を中心に活動するスンニ派過激組織。イスラムによるインド亜大陸の統治を標榜。勢力は数千人といわれる（『国際テロリズム要覧2016』）

14　1980年、アフガニスタンでの対ソ連戦を契機として設立されたデオバンド派のイスラム過激派。勢力数百人。指導者はカリ・サイフッラー・アクタル（『国際テロリズム要覧2016』）

テロ事件を起こしている。

この騒動に関連し、２００９年10月に、同新聞社を攻撃しようと計画を練っていたふたりの男が米国政府に逮捕された。ひとりはパキスタン系米国人、もうひとりはパキスタン生まれのカナダ人であり、両者は、パキスタンのテロ組織「ラシュカレ・タイバ」（ＬｅＴ）と「ハラカト・ウル・ジハード・アル・イスラミ」（ＨＵＪＩ）[14]から資金を提供され、ユランズ・ポステンへのテロも指示されていた。このふたつのパキスタンのテロ組織は、アルカイダとは常に密接に連絡を取っていた。ユランズ・ポステン攻撃計画の主犯は米国人のデイビッド・コールマン・ヘッドリー（David Coleman Headly）であり、同人はユランズ・ポステンの偵察のために何回かコペンハーゲンを訪れていた。また、同人は、パキスタンでＬｅＴの軍事訓練を受け、２００８年のムンバイ・テロ事件にも関与していたことが判明している。もうひとりは、タハウール・フサイン・ラナ（Tahawwur Hussain Rana）という男で、ヘッドリーの補佐役として偵察のための旅行にも行っている。ラナは、ＬｅＴの資金調達も担当しており、２０１３年、デンマークでのテロ計画に参画した容疑、及びＬｅＴに物的支援を行った容疑で禁固14年の判決を受けた。

首謀者のヘッドリーは、２００８年ころ、パキスタンでＬｅＴのメンバーと知り合いになり、リクルートされてユランズ・ポステンへのテロ攻撃を指示された。まず、ヘッドリーは、ＬｅＴから３０００ユーロを渡され、デンマークに行って標的であるユランズ・ポステンの偵察を行い、同社をビデオ撮影するなどして周到に攻撃計画を練っていたが、２００８年11月にムンバイ・テロが起きると、[15]同テロ事件にＬｅＴが深く関与していたことがインド当局に暴かれ、組織に対するチェックが厳しくなったため、それ以降、ＬｅＴは活動を控えめにしていたようである。一方、ＬｅＴに代わってヘッドリーのハンドラーとなったＨＵＪＩのアル・カシミーリは、ヘッドリーに１５００ドル与えて欧州行きを命じ、標的の更なる偵察を行わせると同時に、欧州で兵站を担当するメンバーを紹介し、同人を通じて資金、武器を与え、要員のリクルートでも援助することになった。アル・カシミーリは、資金を提供した上で作戦については細かく指示しており、例えば、ユランズ・ポステンを襲撃してから、スタッフの首を切り落とし、同社の窓から外に投げ出すよう命じていた。

　結局、ヘッドリーは、ＬｅＴ、ＨＵＪＩ、英国を拠点としていたアル・カシミーリの仲間から、合計で２万５０００ドルほどを受領したとみられるが、提供された資金は全て現金であった。この資金のうち、ふたりが逮捕される２００９年11月までに使われたのは、標的の偵察にかかった費用と旅費くら

15　インド・ムンバイのタージマハル・ホテルを始め、鉄道駅、ユダヤ教施設、病院などを襲撃し、１６６人を殺害、２３５人を負傷させた事件。インドの過激派「インディアン・ムジャヒディン」がＬｅＴを支援。実行犯のひとりが現場で逮捕された（『国際テロリズム要覧２０１６』）

いであり、総計5000ドルにも満たなかったといわれる。

4　欧州の闇市場における武器の値段

2015年11月に起きたパリ同時多発テロや、2012年3月にフランス南部のトゥールーズ、モントーバンで起きたテロ事件では、いずれもサブマシンガンなどの銃器が使用され、近年、欧州でもテロリストによる銃撃事件が多く発生するようになっている。欧州のテロ細胞は、最近では、資金ルートから攻撃計画が発覚することを避けるため、アルカイダや「イスラム国」のような有名な国際テロ組織から資金を受けることをせず、合法・非合法を問わず自前で調達したり、自分の給料、預貯金を投じてテロを実行する例が増えている。したがって、少人数で構成されるテロ細胞などは、常に資金不足に悩まされており、必然的にテロの規模も小さくなってきている。しかし、実際に起きている多くのテロ事件では、銃器や爆弾が使用されており、彼らはなんとか工面して闇ルートで武器を購入していることがわかる。

テロリストが好んで使う武器に、故障しにくく、扱いも容易なカラシニコフ銃があるが、この世界には、かつて戦争や地域紛争で使用された中古の銃が山ほど流通しているといわれる。1990年代に旧ユーゴスラビアが崩壊する過程で発生したボスニア・ヘルツェゴビナ紛争[16]の後、数百万丁の銃が闇市場に流れたか、未だに各家庭の倉庫に眠っているといわれる。人々が銃を手放せないのは、同地方では、紛争中にあまりにも残虐な殺戮が繰り返され[17]、家族や友人を殺害された恐ろしい体験が人々の記憶の中に今も消えずに残っているためであろう。したがって、欧州でも、テロリストはこれら武器の闇市場から容易に銃を調達できるのである。

カラシニコフ銃にも様々あり、中国製のコピーであれば2万円ほどで購入できるともいわれている。また、バルカン諸国や周辺国の政府は、当時の武器を極力使用不能の状態にして廃棄してはいるが、簡単に何らかの処置を施しただけでレプリカのようにしてネット市場に流通させているケースもあるといわれ、資金力のない小さなテロ細胞では、銃身に芯を詰めただけの銃をネットで購入し、再び使用可能の状態に修理し、これを使ってテロを行うこともあり得るであろう。

武器の調達ルートは、マフィアなども参入しているため、極めて秘匿性が高

16　ユーゴスラビアから独立したボスニア・ヘルツェゴビナで1992年から1995年まで続いた内戦。イスラム人とクロアチア人が独立を推進したのに対し、セルビア人はこれに反対し、独立宣言の翌月には軍事衝突に発展（柴宜弘『ユーゴスラヴィア現代史』）

17　1995年7月、セルビア人勢力は、国連指定の安全地帯スレブレニツァに侵攻を開始し、7月11日には中心部を制圧したが、7月12日、同地に居住していたボシュニャク人の男性すべてを絶滅の対象とし、8000人以上を殺害したスレブレニツァの虐殺が発生

18　Christian Science Monitor March 27, 2012 a Kalashnikov machine gun can be purchased for about €1,000, or $1,300 'Merah he bought €20,000 worth of weapons, or about $26,500.

く、武器商人も簡単に警察に捕まるようでは商売が成り立たない。しかし、ひとたび犯罪の闇社会に入り込んでいけば、武器は容易に手に入るのである。テロ事件が事前に発覚して逮捕者が出た場合など、警察や治安・情報機関は、容疑者を尋問し、武器の調達ルートに関してもできる限りの情報を入手しようとするが、前述のように、テロリストは横の連絡をとらず、情報も共有しないという組織防衛策を講じているため、芋づる式にテロのネットワークを摘発するということも簡単ではない。

さて、テロリストが武器を闇市場から購入する場合、どの程度の金額を支払ったか、裁判記録やテロリストの供述内容から拾い出すと、200ドル程度で購入できたという話はめったに出てこない。前述のフランス・トゥールーズ事件では、フランス国内における武器の闇ルートの存在が脚光を浴びたが、欧州で一般に売買されている（もちろん不正取引ではある）銃器の取引額は、カラシニコフ銃で約1000～1300ユーロ[18]で

欧州及び米州各国の単位人口100人当たりの小火器個人保有数

国名	保有数	国名	保有数	国名	保有数
アメリカ	112.6	ドイツ	30.3	ベルギー	17.2
セルビア	75.6	フィンランド	27.5	チェコ共和国	16.3
スイス	45.7	マケドニア	24.1	スロベニア	13.5
キプロス	36.4	モンテテネグロ	23.1	トルコ	12.5
スウェーデン	31.6	ニュージーランド	22.6	デンマーク	12.0
ノルウェー	31.3	ギリシャ	22.5	イタリア	11.9
フランス	31.2	クロアチア	21.7	マルタ	11.9
カナダ	30.8	オーストラリア	21.7		
オーストリア	30.4	ラトビア	19.0		
アイスランド	30.3	ボスニア・ヘルツェゴビナ	17.3	日本　（162位）	0.6

〈出典：Keith KrauseEric G. Berman, eds.（August 2007）Small Arms Survey 2007-Chapter 2. Completing the Count：Civilian Firearms〉

あるが、これが闇市場では、場合によっては1500〜3000ユーロにまで跳ね上がる。一方、拳銃の値段は、合法的に入手した際の値段は、コルト45のクラスで600ユーロ程度といわれるが、不法に入手しようと思えば約1000ユーロということになる。トゥールーズで犯人のモハメド・メラーが使用した拳銃も同型のコルトであった。

この相場で考えると、単独犯で、しかも他から資金提供を受けていないモハメド・メラーは、武器弾薬及び防弾チョッキ等の購入に少なくとも1万ユーロ（同人がテロの実行に使用したのは、サブマシンガンと拳銃のふたつのみであり、購入したり知人から無償で提供された銃も自宅に置いていたが、事件後これらは全て警察に押収された）、さらに、ジハードの訓練を受けるためにパキスタン（北西部の連邦直轄部族地域内のワジリスタン）に行った際の旅費、テロ攻撃にかかった諸々の経費を合算すると、2万ユーロほどになると考えられる。この中でほぼ半分を占めるのは武器購入費であり、これらを個人で負担するのは容易なことではないだろう。近頃の欧州テロ細胞が資金不足に悩み、テロに臨む前に、麻薬密売や盗難車の売りさばき等の犯罪行為に走るというのも、テロリストなりに背に腹は代えられない事情があると考えられるのである。

19 筆者個人のデータベースによる

5　欧州に存在したテロ細胞

欧州では、２０１６年の1年間に、イスラム過激派によるとされるテロ事件は大小合わせて36件発生（合計で１４３人が死亡、５４０人以上が負傷）した。[19] このうち、3月22日のブリュッセル空港と地下鉄でのテロ以外はいずれも単独犯かローン・ウルフによるものであり、攻撃の手段もナイフや刃物による刺殺・刺傷が20件（57パーセント）を占めている。銃撃や自爆によるテロはそれぞれ3件、4件と件数は多くないが、犠牲者が多いこととマスコミの取り上げ方がセンセーショナルであるため、どうしても注目度が高くなる。しかし、最近の欧州に流入しているシリアほかからの難民に紛れ込んだテロリストや、シリアで「イスラム国」に参加した後に母国に帰還した、いわゆる外国人戦士たちが欧州各国でテロ細胞を構築し、「イスラム国」への空爆を実施している有志連合参加国に対する報復テロを敢行しているという事実もある。

２０１６年に欧州で発生した36件のテロの発生国を見ると、フランス（13件）、ドイツ（11件）、ベルギー（6件）、英国（4件）あたりが主要な標的であると類推されるが、少なくとも、これらの国には既に「イスラム国」等のテロ細胞が構築されていると見て間違いないであろう。

6　9・11テロのハンブルク細胞

ここで、9・11米国同時多発テロで主導的役割を果たした、アルカイダのドイツ「ハンブルク細胞」について当時の記憶をひも解いてみたいと思う。

ハンブルク細胞といっても、同細胞のメンバーたちは、ドイツに留学し、それぞれの道を目指して勉強を始めたころは、過激思想を持つような若者たちではなかった。イスラム教徒として、パレスチナ問題や中東地域の諸問題について西側や中東の王国に対して批判的に思うところはあったにしても、ごく普通の青年たちであった。「9・11委員会報告書」(The 9-11 Commission Report) によれば、後にアルカイダのビン・ラディンにテロ攻撃のリーダーを命じられたモハメド・アタは、1968年9月1日、弁護士を父に持つエジプトの中流家庭で生まれた。カイロ大学の建築工学科を卒業し、しばらく

20　朝日新聞アタ取材班「テロリストの軌跡——モハメド・アタを追う」

21　1972年5月生まれのイエメン人。2002年9月、テロリストに資金送金や情報を提供した容疑でパキスタン・カラチで逮捕された。2006年からキューバのグアンタナモ収容所に収容されている (The New York Times The Guantanamo Docket)

カイロの設計会社で働いた後、1992年7月、ドイツのハンブルク大学に留学した。途中でハンブルク・ハールブルク工科大学に転籍したが、1999年まで在籍した両大学では、アタは寡黙で大人しいながら優秀な学生であったとの評判を得ている。[20] アタが過激化した原因については諸説あるが、同人が1998年にエジプトに一時帰国した際には、濃い髭をはやし、原理主義的な発言を繰り返すなど、アタのあまりの変わりように、家族や昔の友人たちが驚きの声を上げたといわれる。

ハンブルク細胞の2番手は、1972年5月1日にイエメンで生まれたラムジ・ビナルナシブである。[21] ビナルシブは、特に特徴もないような平凡な家庭に育ち、宗教的にもごく普通の青年であった。1987年から1995年までイエメンの銀行に勤務し、1995年に米国へのビザを申請したが却下されている。「9・11委員会報告書」によれば、ビナルシブは、スーダン人の難民を装い、偽名でドイツに難民申請を行ったとされる。同人の難民認定審査が保留されている間にハンブルクに住み、地元のモスクに通い、人懐こい明るい性格で友人もできていた。1997年に難民申請も却下されたが、今度はハンブルクで学生登録し、学校に通っていた。同人は学業成績が悪く授業もさぼり気味だったため、学校を退学させられることになった。ビナルシブとモハメド・アタが知り合ったのは、ハンブルク市内のモスクであった。ふたりはすぐに仲良くなり、次第にイスラムの過激思想、ジハードについて論じ合うようになった。人当たりの良いビナルシブと内向的で寡黙なアタは対照的な性格であるが、なぜか馬が合ったようである。1998年、ビナルシブとアタはハンブルクのアパートで共に暮らすようになる。その後、ふたりにUAEから来たマルワン・アル・シェヒが加わり、3人で住むようになった。

同細胞の3番手は、このマルワン・アル・シャヒである。1978年5月9日にUAEで生まれた。1985年に高校を卒業し、UAE軍に入隊した。目的は軍の奨学金であり、半年間軍事訓練を受けた後同奨学金を得てドイツに留学した。ドイツには1996年4月に入国し、他の奨学生3人と共にボンに住み、ドイツ語の習得に努めた。語学学習を終え、ボン大学に入学したが、アル・シェヒは学問のできが悪く、落第を繰り返した。アル・シェヒは敬虔なイスラム教徒で、1日5回の礼拝も欠かさないが、性格は明るく、洋服を着用してレンタカーで欧州を旅行するなど、西側での留学生生活を楽しんでいた。学業は失敗続きだったが思想的には徐々に過激化していったようである。アタやビナルシブとどこで接点があったかは不明であるが、アル・シェヒは1997年末にハンブルクへの移住を申請した。恐らく、アタ、ビナルシブと一緒になりたかったためであろう。１９９８年４月、３人はアル・シェヒが住み始めたアパートで共に暮らすようになる。

アル・シェヒの学業はハンブルクでも振るわず、UAE大使館の奨学生担当からボンに帰り２学期をやり直すよう指示された。１９９９年７月、再びハンブルクに戻ったが、そのころには同人の原理主義的傾向はさらに深まっていた。UAE時代の友人がアル・シェヒをハンブルクに訪ねたが、部屋にはテレビも置かずボロ服を着るなど、アル・シェヒの変貌ぶりに驚いたと後に友人は供述している。友人がその理由を聞くと、「預言者と同じ服装をしている」と答え、さらに同居人もアル・シェヒもなぜ笑わないのかと尋ねると、同人は「パレスチナで多くの人が死んでいるのになぜ笑えようか」と答えたという。

ハンブルク細胞の４番手はジアド・ジャラヒ、１９７５年５月11日、レバノンの裕福な家庭に生まれた。アタ、ビナルシブ、アル・シャヒの３人と同様、ジャラヒもドイツでの高等教育を希望し、１９９４年４月、ドイツの北東部にあるグライフスヴァルト単科大学に従弟とともに入学している。ジャラヒはその地でトルコ移民の娘アイセル・セングと親しくなり、恋仲になる。彼女はドイツで歯科医師を目指していた。ジャラヒはドイツに来た頃は全く過激思想など持っていなかった。留学生生活を楽しむかのように時々ビールも飲んでいた。ジャラヒが過激化していることに友達が気付いたのは、同人が1996年にレバノンに一時帰国した際で、ジャラヒはコーランに忠実な生活を送り、アラビア語のジハード書籍を読むようになっていた。友人を聖戦に誘うなどし、自分の昔の生活ぶりを否定し、自然の生活をするよう周囲に説いていた。1997年9月、学科を歯科から航空機エンジニアリング科に変更し、ハンブルクのハールブルク工科大に転籍した。恋人のアイセルには、子どものころおもちゃで遊んだ飛行機に興味があり、ハンブルクに仲間もいると説明していた。ただし、ハンブルクではアタらと同居したことはない。このころに誰かがジャラヒを感化させ、過激思想を植え付けたのであろうか。ジャラヒは週末ごとに恋人と会っていたが、以前はしなかった宗教の話をするようになっていた。次第に彼女との接触も減っていき、彼女を宗教的でないと批判するようになり、服装も肌が見えてよくないと注文を付けた。宗教心が足りないので友人に会わせるわけにもいかないなどと主張するようにもなった。濃い髭を生やすようになり、礼拝も規則的にきちんと行うようになっていた。

ハンブルク細胞には、この4人以外にも何人かのメンバーの名前が挙がっている。モロッコ系ドイツ人のサイド・バハジは、アタ、ビナルシブと共にハンブルクのマリエンストラッセ・アパートに8か月間暮らしていた。そのほか、モロッコ人留学生が3人同細胞のメンバーとして活動していた。いずれも米国には行っていないが、アタらのアフガニスタン訪問を巧みに隠ぺいするなどのサポートを行った。アタとビナルシブは、バハジのコンピュータを使い、インターネットや外部とのメール通信を行っていた。

ハンブルク細胞のメンバーで、後に米国に渡り、飛行機をハイジャックして乗客・乗員もろとも標的に突っ込んだのは、モハメド・アタ、マルワン・アル・シェヒ、ジアド・ジャルヒの3人（それぞれが別々の便に分かれて搭乗）であった。ビナルシブにはとうとう米国のビザは出なかった。それは、米当局がビナルシブをテロリストと疑っていたわけではなく、彼の国籍がイエメンであり、しかも、ドイツから米国ビザを申請したため、彼の後から続々と欧州からの不法移民が申請しないかと米国当局が警戒したためといわれている。

7　ビン・ラディンとの接触

ハンブルク細胞の4人は、1999年時点ではジハードで殉教することを心に誓っており、殉教の場所をチェチェンと決め、ロシアと戦うつもりでいた。しかし、ビナルシブとアル・シェヒが知り合いにデュイスブルクに住むある男を紹介され、アタを除く3人が同人に会った。男はアブ・ムサブと名乗ったが、これは偽名であり、本名はモハメドウ・スラヒというドイツで活動するアルカイダの工作員であった。同人に対しては、米国とドイツの情報機関がマークし監視下に置いていたといわれる。スラヒは、チェチェンは入国が難しく、途中のグルジアで拘束されてしまう可能性が高いと言い、チェチェンの代わりにアフガニスタンに行くよう説得した。この場にいなかったアタもこの助言を受け入れ、アフガニスタンに行ってジハードの訓練を受けることにした。モスクで過激化されていたハンブルク細胞の4人がアルカイダに目を付けられ、リクルートされたのはこの瞬間だったのかもしれない。スラヒは、アフガニスタンへの行き方を伝授した。まず、パキスタンのビザをとってカラチに入り、さらにクエッタに行くよう指示した。クエッタにはタリバンの拠点があり、そこからタリバンのメンバーに案内されてアルカイダが潜伏するカンダハルでオサマ・ビン・ラディンに会うという段取りである。ただし、彼らはどこまでアルカイダの配下で作戦を行うことを意識していたかは不明である。UAEに準備のために帰っていたアル・シェヒを除き、アタとジャラヒ、ビナルシ

22　アルカイダのオサマ・ビン・ラディンを中心とする中枢組織は、ソ連との戦争が終わった後、１９９６年に再びアフガニスタンに入り、カンダハルなどを拠点にアルカイダとしての活動を展開した。当時アフガニスタンで政権を握っていたタリバンに資金を提供する代わりに保護を受けていた

23　アルカイダのメンバーは、ビン・ラディンの命令に従うという忠誠の誓い（バイア）をしなければならない http://www.pm.gov.uk/news.asp?NewsId=2686

24　アルカイダの草創期からの幹部で軍事部門の責任者を務めた。ビン・ラディン、アイマン・ザワヒリに次ぐナンバー3といわれた。エジプトで生まれ、エジプト空軍、エジプト警察に所属した後、エジプト「ジハード団」に入る。１９９８年にザワヒリとともにアルカイダに編入。２００１年11月、米国の無人機の攻撃を受け、アフガニスタンで死亡（The

ブは、1999年11月の最終週、二手に分かれ、出発日もずらしてカンダハル[22]に入り、現地で合流することになった。カンダハルでは、3人は即座にビン・ラディンへの忠誠[23]を誓わされた。ビナルシブが非公式にビン・ラディンと面会し、ビン・ラディンの配下で働くことを承諾し、自身、殉教の道を志願したことを確信した。さらに、アタは、当時のアルカイダのナンバー3であったモハメド・アテフ[24]と会った。アテフは、特別の秘密作戦を行うとして、アタに航空学校で飛行訓練を行うよう指示した。一方、ビン・ラディンはアタを同作戦の総司令官に指名し、その後何回かアタと直接会って作戦の細かい指示を与えていた。その時はまだ標的は明確に決まってはいなかったが、ニューヨークのワールド・トレード・センター、ペンタゴン、連邦議会ビルであることは示唆されていた。

やがて、彼らが知らない新しい仲間がやってきた。彼の名はナワフ・ハズミ、兄弟で同計画に参加したサウジアラビア人であった。ビン・ラディン、モハメド・アテフは、当初、アル・ハズミとアル・ミダールを同作戦の責任者にしようと考えていたが、ハンブルク細胞のメンバーを一目見てから、即座にリーダーをアタに任せることにした。彼らは西側に留学していたため、まず語学に堪能であり、さらに西側での暮らしに慣れている。メンバーのいずれもが

Telegraph 19 Nov 2001) http://www.telegraph.co.uk/news/obituaries/1362754/Mohammed-Atef.html

大学で技術系のコースを学んでおり、この秘密作戦を成功させられるのはハンブルクの連中しかいないと確信したのである。勿論、アタに関するクリアランス（身元調査）は慎重に行われている。2000年1月31日、アタとビナルシブは、一緒にカンダハルを離れ、カラチを経由して別々にハンブルクに帰ってきた。彼らは、カラチでは、同秘密作戦の立案者であるハリド・シェイク・モハメドと会っている。ハリド・シェイク・モハメドは、ふたりにセキュリティへの配慮と米国での暮らしについて自らの経験に基づいて丁寧に述べた。一方、マルワン・アル・シェヒは、UAEに帰り、パスポートの切り替えと米国ビザ取得の作業を進めていた。アル・シェヒがドイツに帰ってきたのは2000年3月のことであった。

アルカイダの工作員となったハンブルク細胞の4人は、アフガニスタンを出てからは決して外見からジハーディストと見破られないよう細心の注意を払い、情報機関にマークされているような人物とは決して会うことはしなかった。髭も剃り、衣服も西洋人のものを着用した。行動についても慎重にし、過激な教義を行っているようなモスクにも近づかなかった。[25]

アル・シェヒは2000年1月にUAEで結婚式を挙げた。前年に結婚していたが式は挙げていなかった。さっぱりと髭を剃ったアル・シェヒの容貌を

25　第1章の「テロリスト・マニュアル」の記載通りの行動である（著者注）

26　その他に、ビナルシブはドイツには偽名で来ていたので、当局側は明確な証拠はないものの、そのあたりに却下の理由があった可能性もある

見た友人たちは、彼が昔に戻ってくれたと喜んだのだが……。ジャラヒも髭を剃り、恋人のアイセルに対する態度も元に戻し、何も知らない彼女を喜ばせていた。

4人は早速航空学校を探し始めた。彼らの目的に適う航空学校は欧州には存在しないことが分かった。月謝が安く、短期間で操縦技術を身に着けられ、ライセンスも取得できる、そんな航空学校は米国にしかない。

アタ、アル・シェヒ、ジャラヒの3人は新しいパスポートを入手した。古いパスポートにはパキスタンへの渡航歴が記されており、作戦の邪魔になる恐れがあるため、紛失したとして再発行の手続きをしていた。その後、3人とも米国のビザを無事入手できた。

他方、ビナルシブのビザは発行されなかった。その後3回にわたって申請したが結果は同じであった。イエメン人がドイツから米国ビザを申請したことが警戒されたためとみられる[26]。ビナルシブは落胆したであろうが、大事な作戦を成就させるためには危ない橋は渡るべきでないと考え、外から仲間をサポートすることに徹しようと気持ちを収めたのであった。アルカイダの本部から命じられてハンブルク細胞のモハメド・アタとマルワン・アル・シェヒがドイツから米国に向かったのは2000年5月から6月にかけてであり、ジアド・

ジャラヒも6月にそれぞれ米国に到着した。9・11同時多発テロ実行の1年3か月前のことであった。

◉欧州におけるその他のテロ細胞

米国で起きた9・11テロ以降、航空機そのものを武器にして標的国に大打撃を与えるというような、人々の想像を絶する規模のテロはほとんど見られなくなった。代わりにいま盛んに行われるようになっているのは、単独犯か2～3人の少人数の細胞で実行する、いわゆるローン・ウルフやホームグロウン・テロリストによる比較的小規模のテロであろう。銃器や爆弾は最も目立ちやすい武器であり、これらを闇ルートから入手してテロを行おうとすれば、事前に警察に摘発されてしまうケースも多くなる。

テロリストは、こうした隘路を克服し、敵側になるべく多くの死傷者を出すために考え付いたのは、トラックで群衆に突っ込み、ひき殺すという新しいテロの手口である。2016年には、フランスのニースとドイツのベルリンで、「イスラム国」の影響を受けた単独犯のテロリストが実行している。トラックに爆弾を搭載して爆破テロを行った例は数限りなくあるが、トラックそのものを凶器にして大量殺戮を行うというケースは、テロ事件としてはこれまでほとんど見られなかった。敵の意表を突き、テロ計画を必ず成功させるというのが現在の流れとすれば、次にテロリストが使うテロの手口とはどういうものであろうか。まず、次表にあるように、資金の流れと通信方法の工夫で警察の摘発を免れるという手法は、９・11事件以来の国際社会によるテロ資金規制の努力と、より高度な通信傍受技術が導入されるにつれ、テロリスト側が最も注意している点である。

欧州では、２０００年代半ば以降、様々なテロ細胞が暗躍し、様々なテロ事件を発生させているが、そのうちの主なものを、テロ及びその準備に使われたテロ資金に焦点を絞って表にまとめると以下のとおりである。

欧州各国のテロ細胞（2001―2014）

事件名／細胞名	年次	資金源	資金移動手段	テロ攻撃コスト
ベガール・ネットワーク	2001	AQから1万5000ドル 英国に支援組織 犯罪	現金クーリエ ウエスタン・ユニオン 銀行送金	訓練、移動、爆弾製造、自動車で1から2万ドル AQからは上限5万ドル設定
靴爆弾男（リチャード・リード）	2001	AQから資金提供	現金と航空券をAQから支給	1000から1万ドル アフガニスタンでの訓練、爆弾材料、航空券（パリ―マイアミ）
タウヒード細胞	2002	モスクからの献金 AQ、社会保障、偽造旅券不法販売	現金 銀行送金	1000から1万ドル 移動費用、アフガニスタンでの訓練、拳銃（550ドル）、手榴弾
チェチェン・ネットワーク	2002 2004	犯罪（盗難車、盗難電化製品、偽造書類、詐欺、窃盗） パリのイスラムコミュニティからの寄付	現金 ウエスタン・ユニオン	1000から1万ドル 化学剤少量、NBC用防護服を購入 自動車密輸、資金の80％をジョージアに送金
ヒースロー空港テロ計画	2003	社会保障、アパートのまた貸し	現金 犯人、逮捕時に1万ドル所持	不明 AQが英国に武器密輸？
靴爆弾男（バダット）	2003	AQが爆弾、航空券代金を支給	不明（恐らく現金）	5000から1万ドル アフガニスタン・パキスタンでの訓練、旅費、爆弾材料費
ロンドン化学肥料爆弾計画	2004	1万6000ポンド銀行ローン。 実家から仕送り パキスタン、カナダからの寄付	現金 ウエスタン・ユニオン 個人の貯金、デビットカード	1・5から2万ドル 訓練、パキスタンへの旅費、レンタル倉庫、肥料600kg、その他の爆弾材料
マドリード列車爆弾テロ細胞	2004	麻薬取引その他の犯罪 寄付、個人ローン、給料 商売、モロッコ・イスラム戦闘集団から資金	商品取引で4・5万ユーロ相当の爆薬と麻薬、車両を購入 現金、銀行送金 シリアとアフガンに郵便為替、ウエスタン・ユニオンで送金	当初見込みは1万ドル、後にスペイン当局6万ドルと発表
ホフスタッド・グループ（バン・ゴッホ監督暗殺）	2004	給料 麻薬、武器での強盗 スペイン細胞から送金	銀行送金、リスボンの仲間に送金し、武器購入	5000から1万ドル 3人がアフガニスタン・パキスタンに訓練。欧州内移動費、武器・爆弾材料購入
ロンドン地下鉄・バス爆破テロ細胞	2005	給料、銀行ローン、クレジットカード・ローン等	不明、現金、カード、小切手	7000から8000ポンド パキスタン、英国内陸部までの交通費、レンタカー、爆弾材料費
液体爆弾での航空機爆破計画	2006	AQから送金 イスラム慈善団体の資金 2万5000ポンドのローン申し込み兄弟のアパートで爆弾製造	ウエスタン・ユニオン 現金、銀行送金	5000から1万ドル アフガニスタン・パキスタンでの訓練、旅費、爆弾材料（過酸化水素、バッテリー等）

医師細胞（ドクター・セル）	2007	給料、預貯金、個人ローン	現金、クレジットカード	1万5000ドル 中古車5台、爆弾工場の家賃、その他機材代金
バルセロナ爆弾計画	2008	給料、フランスの細胞・ネットワークから支援	細胞リーダーに9000ユーロ送金 現金	1000から1万ドル 米国―パキスタン、米国―欧州の旅費
フランス国内情報機関本部攻撃細胞	2008	アルジェリア人戦士 首謀者レイニー・アーノルドはジハード組織から資金受領	郵便為替	必要になれば提供を受ける　シリア・イラクへ旅行
ユランズ・ポステン攻撃細胞	2009	国際テロ組織LeTから3000ユーロ、HUJIから1500ドル、英国支援組織から1・5万ドル受領 その他、米国のラナ兄弟からザカート5000ドル	現金	1000から1万ドル 米国―パキスタン、米国―欧州偵察旅行費
下着爆弾男	2009	家族からの資金 AQAPから資金提供	不明	1000から1万ドル イエメンでの訓練、爆弾、ロゴス―アムステルダム―デトロイト往復航空券
ノルウェー細胞	2010	給料、社会保障詐欺 ビジネスの詐欺、マネロン	銀行送金	1000から1万ドル 爆弾材料費、イラン・パキスタンでの訓練
手紙爆弾（ユランズポステン爆破計画）	2010	社会福祉	不明 ナトリウム2キロ購入	1000から1万ドル コペンハーゲン―ベルギー間の往復バス代、宿泊代、爆弾材料費
ストックホルム自爆テロ	2010	グラスゴーの個人寄付 一部偽造書類による不正学生ローン	銀行に預金 爆弾製造機材現金で購入	1000から1万ドル 中東での訓練、ストックホルムからスコットランドへの旅費、車両、爆弾材料（圧力鍋、釘、銃弾、パイプ、火薬10キロ）
スウェーデン細胞	2010	麻薬取引、パキスタンの過激派、臨時仕事、軽犯罪、社会保障、家族から送金	ウエスタン・ユニオン 逮捕時2万ドル保有 犯人2人、テロ実行前に全額を引き出す	1000から1万ドル ワジリスタン・イランでの訓練、旅費、マシンガン2100ドル、弾薬、車経費
デュッセルドルフ細胞	2011	給料、偽造書類、ネット詐欺等で5200ユーロ稼ぐ	不明	1000から1万ドル 偽造旅券でパキスタンでの訓練、旅費、爆弾材料
バーミンガム・リュックサック爆弾テロ計画	2011	チャリティを口実に1・3万ポンド以上稼ぐが金銭取引で9000ポンド失う その他ローン申請、自己資金	地域から集めた資金はメンバーの銀行口座に貯金。現金で6000ポンド所持	1000から1万ドル 6人がパキスタンで訓練、旅費、爆弾機材購入 テロリスト徴募のためイスラム・センター設立
モハメド・メラー銃撃テロ	2012	犯罪（押し込み強盗、麻薬密売） 社会保障、家族からの送金、自分の車を売る	資金移動なし	1から2万ドル パキスタンでの訓練、旅費、銃8丁買うがテロでは2丁のみ使用、ビデオカメラ
パリ・コシェルマーケット攻撃	2012	犯罪（窃盗、麻薬密売）	不明　家宅捜索で2・7万ユーロの現金を発見	100から1000ドル 手榴弾、自家製爆弾、リボルバー拳銃

第9章　市民社会をテロから守るには

1　テロ対策として必要なことは

テロとの戦いがこれほど凄惨なものとなり長期化するとは、誰も予想し得なかったのではなかろうか。思えば、1996年に米国の政治学者サミュエル・ハンティントンが著した『文明の衝突』[1]の中に出てくる「イスラム文明」が他の文明としのぎを削っている図が現在のテロ情勢のありのままの姿と言えなくもない。暴力が暴力を生み、憎しみが更なる憎しみを生む。後はなりふり構わず報復に訴える。

テロリストの主張にも一理あることは認めるが、その手段において相手を抹殺するための暴力を行使することには問題がある。預言者の時代に帰ってすべてを律しようとすれば、いつまで経っても血で血を洗う戦いが終わることはない。

では、テロという問答無用の暴力を行使する相手に、我々小市民はどのように対応したらよいのか。政府は自国民の命を、個人は自分自身の命をどうやっ

1　The Clash of Civilizations and the Remarking of World Order (Huntington, Sanuel P. November 1996)

て守ればよいのか。実は、本書の最大の目的は、この難解な問いに何らかの答えを出そうという大それた試みである。

社会全体を変え、いかなる文明も融合して共存できるようになるには、膨大な時間と努力が必要であり、我々はそれまで待つことはできない。直面している状況にひとつひとつ愚直に向き合い、テロの脅威を少しずつ解消していかなければならない。科学は人類をこれほどまで裕福にし、幸福をもたらしたのであるが、逆に科学が発達したことによって、人を殺戮する道具も生まれ、これが国家間、組織間、個人間の恨みを晴らすための手段として使われ、死なずに済んだ人たちが死に、不幸のどん底に突き落とされた人々もいる。

テロリズムも、人間が考え、人間が実行しているだけに、どこかにこれを防ぐ手段があるはずである。そこで、テロの手口を知り、テロリストがどのような手段でテロを実行しようとしているか、常に監視し、対策を講じていく努力が求められるのである。

９・11米国同時多発テロが発生して以降、米国や欧州を訪れると、そのセキュリティの厳重さに少々驚きもするが、乗客は長い列に並びながらも、空港職員に不満を述べたり、食ってかかったりするシーンを見かけたことがなかった。それほどあのテロはショッキングな事件であり、人々の心の中に恐怖を植え付けたのである。事件直後の海外出張では、どこの航空会社を選んでも乗客は半分程度であり、窓側の3席がひとりで占拠できたような状況であった。世界中が一致協力してテロ対策に乗り出し、法整備を行う[2]と同時にテロリストの発見、逮捕に血眼になった。さらに、乗客は、靴爆弾男[3]が出現した後には、金属探知機の前で靴を脱がされて検査を受け、液体爆弾による航空機テロの計画[4]が発覚するや、機内持ち込み手荷物に100cc以上の液体[5]を持ち込むことも禁止された。これは空港におけるテロ防止策としては当然のことであろうが、テロリスト側も、こうした厳しいセキュリティ・チェックを潜り抜けるために知恵を絞っているのである。金属探知機で爆弾が検知されてしまうなら、検査機に反応しない爆弾を作る。空港警備の裏をかくため、テロリストもさまざまな技術を開発し、またそれを可能ならしめる人材をリクルートしてくる。まさにイタチごっこである。

翻って我が国の主要空港における警備状況を見ると、テロリストが細心の技術を駆使して航空機テロを行おうとすれば、これを防ぐことは難しいとのことである。しかし、空港、港湾等の水際でテロリストの出入国を防ぐための工夫は年々確実性を増しており、特に、2020年の東京オリンピック・パラリンピックの安全開催に向けたセキュリティ上の準備は着々と進められている。

2　9・11事件以降、世界の140か国がテロ法を新たに制定するか改訂を行っている。テロリストが新たな手口で攻撃してくればこれを取り締まることができるようにするのが国際社会の流れである

3　2001年12月、パリ発マイアミ行きのアメリカン航空63便において四硝酸ペンタエリスリトール（PETN）が詰まった靴底にマッチで火をつけようとしたものの、爆破未遂のまま取り押さえられたという事件が発生。犯人はジャマイカ系英国人のリチャード・リード

4　2006年8月9〜10日には英国発北米行きの複数の航空機を標的とする同時爆破テロ計画が摘発され、アルカイダから訓練を受けたパキスタン系英国人ら計25人が逮捕された。使おうとした爆弾は過酸化水素爆弾であったため、これを契機に機内への液体持ち込みに規制がかかった

5　成田空港の警備会社JSSの関係者によれば、機内への液体の持ち込みは、ひとつの容器で100ccと決められ

例えば、高額な機材（スマート・セキュリティ・システム）[6]の導入計画もそのひとつである。従来、空港や港湾に配備されているセキュリティ機材は、主に航空会社の負担で設置され、場合によっては国が半分くらい負担するケースもあるというが、やはり、空港などの極めて公共性の高い施設のセキュリティ機材は、大部分を国の予算で賄うべきではないだろうか。２０２０年の東京オリンピックを控え、さすがに政府も国の体面をかけて安全に開催させなくてはならないとの決意を新たにし、国内の主要国際空港に導入する予定のボディ・スキャナー[7]ほかの経費を予算化したようである。このボディ・スキャナーを通過すれば、テロリストが金属探知機に反応しない爆弾[8]を機内に持ち込もうとしても阻止することができる。ボディ・スキャナーが米国等で導入された頃は、体の輪郭も映ってしまうということで大部分の女性客は設置に反対していた。

しかし、最新の技術はこの弱点を完璧に克服し、身体に異物を巻き付けていれば、乗客のシルエットを映さずに正確に反応させることができるようになった。[9]一方、テロリストの言い分は、「ボディ・スキャナーが全ての空港に配備されているわけではない。配備されていない空港から入り込めば、全く探知されずに目的を達成することが出来る」ということであった。イエメンに本拠を置く「アラビア半島のアルカイダ」（ＡＱＡＰ）[10]は、自組織のウェブ機関誌

ているが、その状態であれば10個、すなわち合計1リットルまでは持ち込めるとの込めるとの説明であった

6　関西エアポート株式会社　関西エアポート、関西国際空港に日本初となる「スマートセキュリティ」システムを導入

7　国土交通省は2016年3月29日、2016年度から全国の主要空港へ順次導入していくと発表（Times Japan 2016.04.07）

8　金属を使用しない爆弾や3Dスキャナーで製造した銃器等の持ち込みも阻止可能

9　新しいタイプのボディ・スキャナーは、プライバシー保護のため、検査結果がイラストで表示され、データも自動的に消去される

10　イエメンを拠点とするスンニ派過激組織。サウジアラビア政府、イエメン政府、欧米権益に対するテロを実行。最高指導者カシム・ヤヒヤ・マフディ・アル・リミ、勢力約1000人（『国際テロリズム要覧 2016』101～107p）

「インスパイア」(Inspire) でこのような主張を展開し、実際、テロリストに米国の旅客機内に爆弾を持ちこませることに成功した。同事件の犯人、ナイジェリア人のウマル・ファルーク・アブドルムタラブ[11]は、オランダのアムステルダムからデトロイト行きのノースウエスト航空機に爆弾を持ったまま搭乗した。同人は、デトロイトの上空で爆弾に着火させようとしたが、勇気あるオランダ人乗客に取り押さえられ、結局AQAPの目論見は失敗に終わった。

この事件の後、更なる疑問が持ち上がった。テロリストが体内に爆発物を埋め込んでスキャナーを通過した場合に探知できるかという問題である。答えはノーである。ボディ・スキャナーは、体の表面にある異物を検出するもので、テロリストが外科手術や飲み込んだりして爆弾を体内に入れてしまえばスキャナーの効力は発揮できない。一時このことについて政府や治安・情報機関が真剣に検討したことがある。2000年6月にスコットランド・グラスゴーの空港で発生したテロ未遂事件の実行者が、過激化した医師らによるものであることが判明した当時のことである。治安機関は、過激化していると思われる医師たちの動向を追った。特に、女性の豊胸手術などを行える医師が行方不明になったというので警戒を強めたこともあったと聞く。しかし、この可能性を全面的に否定するわけではないが、今のところこの懸念は杞憂に終わっている。

11 ノースウエスト253便の機内で金属探知器に探知されずに持ち込んだ爆弾に着火させたが爆発に至らず、乗客に取り押さえられた

12 テロ対策責任者の次官に対し、「改心してまじめに働くと」欺き、面会の機会を得て暗殺しようとした。TATPは、その後多くのテロ事件で使用されるようになった(著者注)

テロリストは、自爆で殉教するのであれば即座に神に会えようが、例えば、テロの実行前にそれなりの量の爆発物を体内に仕込む手術を受け、傷が回復していざ出陣という時まで痛みに耐えなくてはならない。また縫合された体内で爆発させても、その威力は大幅に減じられてしまうであろう。したがって、このシナリオは現実的ではないであろう。

もうひとつ特記すべき事案がある。2009年8月、サウジアラビア・ジェッダのムハンマド・ビン・ナイーフ内務次官（現在の皇太子）の居宅で、改心したというアルカイダのテロリストが同次官との面談中に自爆するという事件が起きた[12]。このような危険な人物を居室に入れる前に金属探知機で検査を行うと思われるが、セキュリティの担当は次官の指示で金属探知機を通さなかったとのことである。事件後、犯人は爆弾を肛門に隠して次官室に入っていったとの情報があったが、これは正しくない。テロリストは、身体の左側面に爆弾を括り付け、右側に座った次官と話し始めた瞬間に携帯電話で起爆させたのであった。肛門に隠して運ぶことができる量の爆弾であれば、あれほどの威力は出せないし、即死したテロリストは、自身の身体の左側の損傷がひどく、左腕はちぎれて天井に突き刺さっていたという。爆発で生じた力は、テロリストの右半身に吸収され、右側に着座していた次官は左手の指に軽傷を負っただけで無事であった。

この自爆事件の犯人は、「アラビア半島のアルカイダ」(ＡＱＡＰ)の活動家アブドッラー・アノレ・アシリであり、爆弾を作成したのは兄のイブラヒーム・ハッサン・アシリであった。兄はＡＱＡＰの爆弾製造の専門家であり、ナイフ次官暗殺未遂事件や下着爆弾男の爆弾(ＰＥＴＮ［ペンスリット］[13])を製造したといわれている。

2 新兵器としてのＩＴ機材

テロとの戦いを制するためには莫大な資金と膨大なエネルギーが必要となる。各国政府とそのトップ企業の研究開発チームが、テロの防止に役立つ機材を次々に開発し、実用化しようとしている。先進国の入国管理行政が水際対策の一環として指紋や生体認証(バイオメトリクス)の装置を空港に導入し、このため、テロリストが標的とする先進国に自ら乗り込んでいくことはかなり難しくなっていることは事実である。国際社会が一致協力してテロリストの関連

13　アセトン、過酸化水素水、塩酸、硫酸などの、比較的日常的な物質から製造できる爆弾で、テロリストによって製造・使用されることがある。２００５年のロンドン同時多発テロ、２０１５年11月13日のパリ同時多発テロ、２０１６年３月22日のブリュッセル連続テロ事件などでも使用された。

14　人の態度や表情、身体から出る熱量等の微妙な数値の変化を測定し、通常とは違う人物を多数の中から抽出するシステム。これを監視カメラなどと連動させて実用化し、期待通りの機能を発揮すれば、空港、港湾、鉄道駅など人が多く集まる所でのテロの未然防止、危険人物の摘発に大きく貢献する

情報を共有できるようになっていることも、守る側にとっては心強い限りである。しかし、個人情報の保護が世界中で叫ばれている中で、果たしてテロリストに関係する情報であっても、右から左へと情報が渡るわけではないであろう。そのあたりがいつの世でもネックになっており、例えば、航空機搭乗時に航空会社に登録される旅客個人情報（ＰＮＲ）がどこまで共有されるのか、いくらテロから人命を守るといっても、テロリストの疑いがあるといった段階の情報であれば、これを外国に出すことは躊躇するに違いない。各国には様々な事情があり、どこももろ手を挙げて持てる情報を際限なく提供することはしないであろう。恐らく、テロが起きるとしたら、テロリストはそのあたりの歪みを狙ってくることになろう。

もうひとつ大事なアプローチとして、対応が難しいサイバー・テロと並び、ハード面の技術力とソフト面の人材開発とを組み合わせた新しいテロ対策の効用である。例えば、昨今急速な発展を遂げている画像による顔認証システムと、主に動画から不審人物を発見する行動認証システム[14]（Behavior Detection System）は重要である。現段階ではエラーが多くて実用には時間がかかるといわれるが、改良を加え、目標通りの数値を達成できれば、人力がはるかに及ばない優れたテロ防止が可能となろう。著者がいま大いに興味を持っているのがまさにこの分野であり、早急に開発・改良され、テロリストばかりでなく、あらゆる不審者の摘発に役立ててもらいたいものである。

3 テロから自らを護るために不可欠なこと

海外で身を守るにはⅠ

自分の命を守るのは自分

◉誘拐に注意（何らかの兆候あり）

通勤時間、経路を頻繁に変え、パターン化しない
頻繁に経路を変える人をテロの標的からはずしたケースもあった
常に周囲に気を配り、異変を感じたら素早く行動する（テロリストに隙を見せない）
異変を感じたら素早く行動する
警察や軍の検問でも気を許さない。事件発生時などは極力外出しない
襲われそうな場所（ネック）を確認し、逃げ込める安全な場所（警察署、病院等）を探しておく

自動車の窓を閉め、ドアは常にロックしておく
電話（携帯）番号、自宅、家族、会社の同僚等、個人情報を無闇に他人に知らせない
自ら危機評価できるよう自身の感覚を磨いておく

海外で身を守るにはⅡ
自分の命を守るのは自分

◉短期滞在者の場合
見知らぬ人物から親しげにされても気を許さない
警察官や治安機関の服装をした人物でも安易に信用しない
宿泊ホテルではなるべく3階以上10階以下の部屋に（窓からの侵入者を防ぎ、火事の際にはしご車が届く）
車載爆弾は建物の正面から突入する場合が多い（ホテルの居室は正面道路側を避けた方が無難）
テロの標的になっている国の資本のホテルに宿泊する際は注意（紛争国では特に）

海外で身を守るにはⅢ

自分の命を守るのは自分

◉爆弾テロへの備え

爆弾テロの現場を見に行ってはいけない（警察官等を狙った2発目の可能性：テロリストの常套手段）

テロリストが標的にする警察署、治安機関、軍事施設などに極力近づかない

政府関係者や軍の車列からは離れて走行する（銃撃や路肩爆弾の危険）

走行が不審な車輌に気をつける（未成年者や麻薬中毒者がしばしば自爆・テロリストに仕立て上げられる）

東京オリンピック・パラリンピックでのテロ対策

サイバー攻撃にも細心の注意

オリンピックのような大イベントがテロに狙われた事例は過去複数ある。

現代では警備能力も進歩し、標的へのアクセス自体困難に（２０１４年のソチ

冬季五輪では開催中のテロを許さず）
特に我が国へは武器等の持込は困難
テロリストは、入国後に自分で爆弾を作れと指示（パリ、ブリュッセルの例）
サイバー攻撃の可能性も高い
２０１２年ロンドン五輪もサイバー攻撃を受けたが、大きな被害なし（Ｗｅｂ改竄、Ｄｏｓ攻撃、電気インフラへの攻撃、情報窃取）

＊遠くから攻撃できるサイバー攻撃には十分な準備と対策が必用

主要参考文献

安部川元伸『国際テロリズムハンドブック』(二〇一五年、立花書房)
安部川元伸『国際テロリズム101問』(二〇一一年、立花書房)
公安調査庁編『国際テロリズム要覧』(二〇一六、二〇一五年)
金惠京『「無差別テロ」国際社会はどう対処すればよいか』(二〇一六年、岩波書店)
梅田修『人名から読み解くイスラーム文化』(二〇一六年、大修館書店)
東長靖『イスラームのとらえ方』(一九九六年、山川出版社)
小杉崇『イスラームとは何か』(二〇〇三年、講談社)
井筒俊彦『イスラーム文化』(一九九一年、岩波書店)
井筒俊彦『コーラン』(一九六四年、岩波書店)
三井美奈『イスラム化するヨーロッパ』(二〇一五年、新潮社)
吉野準『情報機関を作る——国際テロから日本を守れ』(二〇一六年、文藝春秋)
モレル、マイケル『秘録CIAの対テロ戦争——アルカイダからイスラーム国まで』(月沢李歌子訳、二〇一六年、朝日新聞出版)
マゼッティ、マーク『CIAの秘密戦争——「テロとの戦い」の知られざる内幕』(小谷賢監訳、二〇一六年、早川書房)
菅原出『リスクの世界地図——テロ、誘拐から身を守る』(二〇一四年、朝日新聞出版)
小川和久『危機管理の死角』(二〇一五年、東洋経済新報社)
金重凱之『最強の危機管理——NSCから学ぶ、時代を生き抜くトップリーダーの決断』(二〇一三年、木楽社)

ジェイソン、バーク『21世紀のイスラーム過激派――アルカイダからイスラム国まで』（木村一浩訳、二〇一六年、白水社）
ストーム、モーテン／クルックシャンク、ポール／リスター、ティム『イスラーム過激派二重スパイ』（庭田よう子訳、二〇一六年、亜紀書房）
中田考『カリフ制再興――未完のプロジェクト、その歴史・理念・未来』（二〇一五年、書肆心水）
水谷周『イスラーム信仰概論』（二〇一六年、明石書店）
水谷周『イスラーム信仰とその基礎概念』（二〇一五年、晃洋書房）
佐藤勝『世界インテリジェンス事件史』（二〇一六年、光文社）
佐藤勝『危機を覆す情報分析――知の実戦講義　インテリジェンスとは何か』（二〇一六年、KADOKAWA）
佐藤勝『国家の攻防／興亡――領土、紛争、戦争のインテリジェンス』（二〇一五年、KADOKAWA）
中西輝政／小谷賢編著『インテリジェンスの20世紀――情報史から見た国際政治』（増補新装版、二〇一二年、千倉書房）
宮田律『イスラームの世界戦略』（二〇一二年、毎日新聞出版）
青柳かおる『イスラームの世界観――ガザーリーとラーズィー』（二〇〇五年、明石書店）
大塚和夫他編『岩波イスラーム辞典』（二〇〇二年、岩波書店）
ミール、アミール『ジハード戦士 真実の顔』（津村滋／津村京子訳、二〇〇八年、作品社）
ナポリオーニ、ロレッタ『イスラーム国――テロリストが国家をつくる時』（村井章子訳、二〇一五年、文藝春秋）
黒井文太郎『アルカイダの全貌』（二〇〇四年、三修社）
片倉もとこ／梅村坦／清水芳見編『イスラーム世界』（二〇〇四年、岩波書店）
ベン＝ジェルーン、タール『アラブの春は終わらない』（齋藤可津子訳、二〇一一年、河出書房新社）

朝日新聞アタ取材班『テロリストの軌跡――モハメド・アタを追う』（二〇〇二年、草思社）
ブレジンスキー、マシュー『最新報告対テロ最前線――われわれは本当に安全か』（桃井健司／網屋槇哉訳、二〇〇六年、扶桑社）
マッケイ、クリス／ミラー、グレッグ『陸軍尋問官――テロリストとの心理戦争』（中谷和男訳、二〇〇六年、扶桑社）
フリードマン、トーマス『グラウンド・ゼロ』（鈴木淑美訳、二〇〇三年、ウエッジ）
ピッチョード、リチャード／ペイズナー、ダニエル『9月11日の英雄たち――世界貿易センタービルに最後まで残った消防士の手記』（春日井昌子訳、二〇〇二年、早川書房）
ホフマン、ブルース『テロリズム――正義という名の邪悪な殺戮』（上野元美訳、二〇〇一年、原書房）
中道、ファドレッラー・チャン『イスラームについてQ＆A』（二〇一六年、創英社／三省堂書店）
ヒレンブランド、キャロル『図説イスラーム百科』（蔵持不三也訳、二〇一六年、原書房）
マンスール、アフマド『アラー世代――イスラーム過激派から若者たちを取り戻すために』（高本教之他訳、二〇一六年、晶文社）
小倉孝保『三重スパイ――イスラーム過激派を監視した男』（二〇一五年、講談社）
アシュカル、ジルベール／岩田敏行編『中東の永続的動乱――イスラーム原理主義、パレスチナ民族自決、湾岸・イラク』（二〇〇八年、柘植書房新社）
サイイド、クトゥブ『イスラーム原理主義の「道しるべ」――発禁“アルカイダの教本”全訳＋解説』（岡島稔／座喜純訳、二〇〇八年、第三書館）
Clark McCauley, Sophia Moskalenko "Friction: How Radicalization Happens to Them and Us, 2011, OXFORD University Press
Catherine Herridge, "The Next Wave: On the Hunt for Al Qaeda's American Recruits, 2012, Crown Forum
Sam Mulling, Home-Grown' Jihad: Understanding Islamic Terrorism in the US and UK, 2015,

Sam Mulling, Impercial College Press
Dan Sommer, Terrorist Modus Operandi, 2010, Lulu.com
Soft Target Hardening: Protecting People from Attack, Jennifer Hesterman, 2014, CRC Press
Gunaratna, Rohan (Ed.)/ Kam, Stefanie(Ed.), "Handbook of Terrorism in the Asia-Pacific" (Imperial College Press Insurgency and Terrorism),2016,World Scientific,Pub Co Inc

◉ウェブサイト関係

Al Qaeda Training Manual (Released translated version), US Department of Justice
THE 9/11 COMMISSION REPORTS July 22, 2004, Congress
ADL: Anti-Defamation League, Al Shabaab's American Recruits, Updated: February, 2015
Al Jazeela, 03 Feb, 2014, Al-Qaeda disowns ISIL rebels in Syria
Al Jazeela, 13 Mar. 2016, Syria talks to tackle Bashar al-Assad's presidency
Al Jazeela, 26 Mar 2016, US says killed ISIL finance minister in Syria-BBC, 11 March 2016, Islamic State group: The full story, By Jim Muir, BBC News
ATTACK ASSIGNMENTS IN TERROR ORGANIZATIONS AND THE PRODUCTIVITY OF SUICIDE BOMBERS: Efraim Benmelech, Claude Berrebi NATIONAL BUREAU OF ECONOMIC RESEARCH February 2007-BBC, 22 March, 2016, Links Between Brussels and Paris Attackers
BBC, 22 March, 2016, Brussels attacks: Suspect's DNA at Paris attack sites
BBC, 19 December 2016, Germany Recent terror attacks
BBC, 22 Dec 2016, Berlin truck attack: Tunisian fugitive 'had been under surveillance
Brookings Institute, Returning Foreign Fighters: Criminalization of Reintegration Foreign Affairs at Brookings August 2015
CALCULATING TRAGEDY: ASSESSING THE COSTS OF TERRORISM

Bruno S. Frey University of Zurich

CNN, April 1, 2016, British police tricked terror suspect into handing over phone, source says, By Paul Cruickshank, Andrew Carey and Michael Pearson

CNN, March 30, 2016, The inside story of the Paris and Brussels attacks, By Paul Cruickshank

CNN, June 18, 2016, Belgian police arrest 12 in overnight raids, By Margot Haddad and Madison Park

CNN News, June 18, 2016, Belgian police arrest 12 in overnight raids, By Margot Haddad and Madison Park

CNN, March 26, 2016, The mysterious 'Syrian' thought to be at heart of ISIS attacks in Europe, By Paul Cruickshank and Tim Lister, CNN

CNN, October 5, 2016 Two Brussels police officers stabbed in terror attack, prosecutor says, By Angela Dewan and Lindsay Isaac

CNN, October 5, 2016, Two Brussels police officers stabbed in terror attack, By Angela Dewan and Lindsay Isaac

CHANNEL THE FIFTH SENSE, June 13, 2015, Islamic State Publishes 'How to Survive in the West' Handbook for Jihadi Secret Agents – And It's Hilarious, By Ryan Faith

Country Reports on Terrorism 2015, June 2016 Annex of Statistical Information, US Department of State

CSIS, Comparing Estimates of Key Trends in the Uncertain Metrics of Terrorism, Revised March 24, 2016

CTC Sentinel, April 2016, The Caliphate's Global Workforce: An Inside Look at the Islamic State's, Foreign Fighter Paper Trail

CTC Sentinel, December, 2016, Then and Now: Comparing the Flow of Foreign Fighters to AQI and the Islamic State

CTC Sentinel, NOVEMBER/DECEMBER 2016

CTC Sentinel, June 2016, Vol91s

CTC Sentinel, November 30, 2016, THE GLOBAL TERROR THREAT AND COUNTERTERRORISM CHALLENGES FACING THE NEXT ADMINISTRATION by Bruce Hoffman

CTC Sentinel, October 2016 Vol.9, Issue 10

CTC Sentinel, September 2016 Vol. 9, Issue 9

CTC Sentinel, November 30, 2016, THE MOSUL CAMPAIGN: FROM HERE TO THE HORIZON: Author(s) Tim Lister

CTC Sentinel, August 2016 Volume 9, Issue 8

CTC Sentinel, January 2017 Volume 10, Issue 1

Dabiq Issue 12, Islamic State

Dabiq Issue 15, Islamic State

Daily Sabah, October 4, 2016, Nearly 7,000 European foreign terrorist fighters left for Syria, Iraq since 2013

Daily Star, 26th April 2016, Muslims to outnumber Christians in Europe 'very soon' – shock claim, according to a top politician. By Jake Burman

European Parliament Briefing, February 2015, 'Foreign fighters' Member States' responses and EU action in an international context, Author: Piotr Bąkowski and Laura Puccio

EUROPOL, The Hague, November 2016, Changes in Mudus Operandi of Islamic State (IS) revised

EXPRESS, May 12, 2015, Islamic State terror manual tells Jihadis how to make a bomb and to always carry condoms

FFI Financing 2014, The financing of jihadi terrorist cells in Europe

Geo Political Monitor, November 30, 2015, The Revival of Jihad in Bangladesh: Is Islamic State at India's Doorsteps?

Global Terrorism Index 2016
Hajrah to the Islamic State, Updated security recommendations issued by ISIS to operatives traveling to Syria
HOW TO SURVIVE IN THE WEST A Mujahid Guide (2015)
ICBVTR Financial Investigation and Counter Terrorism Case Study: 7 July 2005, London Bombings Presentation by Sujoyini Mandal Research Analyst ICPVTR, RSIS Singapore
Institute for Strategic Dialogue, Western Foreign Fighters Innovations in Responding to the Threat
Invisible Dog July 2015, ISIS Handbook, THE WANNABE JIHADIST'S HANDBOOK PART I
Invisible Dog August 2015, THE ISIS CURRENCY
Invisible Dog July 2015, JORDAN, A COUNTRY ON THE FRONT LINE
Invisible Dog July 2016, JUSTICE IN THE TIME OF THE ISIS
Invisible Dog July 2016, THE ENEMY WITHIN: ISLAMIC TERRORISM IN EUROPE
Invisible Dog June 2016, ISRAEL. THE NEW TARGET OF THE ISIS?
ISIS Financing 2015 Center for the Analysis of Terrorism May 2016 Inspire Guide, June 17, 2016, Orlando Operation, AQAP Mail Online, 15 December 2016, ISIS terrorists planning Christmas bomb attacks are arrested in Moscow
Mail Online, Dec 20th 2016, German authorities 'knew about Christmas market terror plot days before the Berlin lorry attack was carried out
Mail Online, 2 November 2016, ISIS magazine calls for lone wolf attacks in Europe and the US to 'avenge' the death of their fighters in Mosul
Mail Online, 9 May, 2015, ISIS manual praises 'Jihadi John apologists' Cage: Terror manifesto tells Jihadis to look for tips on the organization's website
Mail Online, 16 December 2016, Boy, 12, dubbed the 'Kindergarten Bomber' becomes youngest person in Europe to be arrested

Mail Online, 24 Dec., 2016, Terrorists planned Christmas attack
Measuring the Economic Costs of Terrorism; Walter Enders and Eric Olson, Department of Economics Finance and Legal Studies, Culverhouse College of Commerce & Business Administration, University of Alabama Multi Method Assessment of ISIL, December 2014, US Department of Defense
New AQAP Inspire Magazine, SEPTEMBER 21 2015, Encourages Lone Wolf Attacks
New York Times, 11.19.2015, SECURITY MANUAL REVEALS THE OPSEC ADVICE ISIS GIVES RECRUITS
New York Times, AUG. 4, 2016, No Game: The Olympics, Rio and Terror
New York Times, DEC. 1, 2015, ISIS Followers in U.S. Are Diverse and Young, By ERIC SCHMITT
PENN STATE Online, 07/21/2016, AQAP Issues Inspire Magazine 'Guide' On 'Nice Operation', By: Anthony Kimery, Editor in Chief
POLITICO, 11/16/15, How jihadists 'go dark' to avoid detection: The West's security services pursue an enemy that is increasingly difficult to track Radicalization in the digital era, RAND EUROPE
Rand Corporation, Predicting Suicide Attacks, Integrating Spatial, Temporal, and Social Features of Terrorist Attack Targets, Walter L. Perry, Claude Berrebi, Ryan Andrew Brown, John Hollywood, Amber Jaycocks, Parisa Roshan, Thomas Sullivan, Lisa Miyashiro
RSS, Feb. 13, 2015, Temporal Flight, What languages do ISIS fighters speak?
Rumiyah issue 1, Islamic State
Rumiyah issue 2, Islamic State
Statistical Summary of Commercial Jet Airplane Accidents Worldwide Operations – 1959-2015, BOEING
STRATEGIC OUTLET, TERRORISM AND ITS FINANCIAL SOURCES, Author AYDAR

KARAMAN, DECEMBER 2012 Star Tribune, SEPTEMBER 29, 2015, Minnesota leads the nation in would be ISIL terrorists from U.S., report finds, By Allison Sherry

Telegraph News, 21 DECEMBER 2016, Berlin terror attack: Islamic State claim responsibility as police launch new manhunt for armed gunman

Telegraph News, 24 JULY 2016, Everything we know about the Munich gunman Ali Sonboly

TESAT 2016 EUROPOL Law Enforcement Bureau

Terrorist Monitor October, 2016

Terrorist Monitor September 2016

Terrorist Monitor, August 31, 2016 Briefs (Free), Militant Leadership Monitor Volume: 7 Issue: 8

Terrorist Monitor, July 1, 2016, Militant Leadership Monitor Volume: 7 Issue: 6

Terrorist Monitor, July 8, 2016 Volume: 14 Issue: 14, Foreign Assets Under Threat: Is AQIM Preparing an In Amenas Style Attack?

Terrorist Monitor Terrorism Monitor, July 8, 2016 Volume: 14 Issue: 14

Terrorist Recognition Handbook Second Edition, MALCOLM W. NANCE, CRS Press

Terrorist Monitor, VOLUME XIV, ISSUE 18, 16 September 2016

Terrorist Monitor Volume: 14 Issue: 14, July 8, 2016, Kenya Gambles on Closure of Somali Refugee Camp to Halt al-Shabaab Attacks

The Modus Operandi of Jihadi Terrorists in Europe, January 2015, Anne Stenersen, ISSN, December 2014 THE IRISH TIMES, July 21, 2016, Brazil arrests faction plotting 'acts of terrorism' before Olympics

The Telegraph, 19 APRIL 2016, Border security: How the US and Britain compare

TSG: The Soufan Group FOREIGN FIGHTERS: An Updated Assessment of the Flow of Foreign Fighters into Syria and Iraq, December 2015

Reuters, 16 Dec. 2016, Terrorist attack at police station in Damascus carried out by child –

state media
The Guardian, 8 Dec. 2015, Islamic State Number of Foreign Fighters in Iraq and Syria doubles in a year
United Nation Security Councils, 29 January 2016, Report of the Secretary General on the threat posed by ISIL (Da'esh) to international peace and security
Washington Post, 19 May 2016, Terrorism suspected in Egypt Air crash, officials say
Washington Post, August 28, 1998, Africa Blast Suspects to Stand Trial in U.S. Mohammed Saddiq Odeh, left, and Mohamed Rashed Daoud al Owhali. (AP), By Michael Grunwald
Wikipedia, Estimated number of guns per capita by country

安部川 元伸（あべかわ・もとのぶ）

1952年生まれ。上智大学経済学部卒。2013年まで公安調査庁で公安調査管理官、東北公安調査局長など歴任。国際情勢、国際テロ情勢の情報収集、分析業務に従事。2015年に日本大学総合科学研究所教授。2016年、同危機管理学部教授。著書に『国際テロリズムハンドブック』『国際テロリズム　101問』（いずれも立花書房）がある。

国際《こくさい》テロリズム

その戦術《せんじゅつ》と実態《じったい》から抑止《よくし》まで

●

2017年3月30日　第1刷

著者…………安部川元伸《あべかわもとのぶ》

装幀…………藤田美咲

発行者…………成瀬雅人
発行所…………株式会社原書房

〒160-0022 東京都新宿区新宿 1-25-13
電話・代表 03（3354）0685
http://www.harashobo.co.jp
振替・00150-6-151594

印刷…………シナノ印刷株式会社
製本…………東京美術紙工協業組合

ISBN978-4-562-05390-2, Printed in Japan